本书由中国博物馆协会与腾讯基金会"腾博基金"资助

彩陶中华

Painted Pottery of China:
Merging and Integration
5000 Years Ago

陕西历史博物馆
"中国五千年前的融合与统一展"
策展笔记

庞雅妮 著

ZHEJIANG UNIVERSITY PRESS
浙江大学出版社
·杭州·

图书在版编目（CIP）数据

彩陶中华：陕西历史博物馆"中国五千年前的融合与
统一展"策展笔记/庞雅妮著.—杭州：浙江大学
出版社，2023.11
（中国博物馆陈列展览精品·策展笔记）
ISBN 978-7-308-23699-7

Ⅰ.①彩… Ⅱ.①庞… Ⅲ.①博物馆—中华文化—历
史文物—陈列—策划—陕西 Ⅳ.① G269.274.1

中国国家版本馆CIP数据核字（2023）第071195号

彩陶中华

陕西历史博物馆"中国五千年前的融合与统一展"策展笔记

CAITAO ZHONGHUA: SHANXI LISHI BOWUGUAN "ZHONGGUO WUQIAN NIAN QIAN
DE RONGHE YU TONGYI ZHAN" CEZHAN BIJI

庞雅妮　著

出 品 人	褚超孚
项目负责	陈 洁
策划编辑	张 琛　陈佩钰　吴伟伟
责任编辑	蔡圆圆
责任校对	闻晓虹
封面设计	程 晨
责任印制	范洪法
出版发行	浙江大学出版社
	（杭州天目山路148号　邮政编码：310007）
	（网址：http://www.zjupress.com）
排 版	浙江大千时代文化传媒有限公司
印 刷	杭州捷派印务有限公司
开 本	710mm×1000mm　1/16
印 张	13.25
字 数	200千
版 印 次	2023年11月第1版　2023年11月第1次印刷
书 号	ISBN 978-7-308-23699-7
定 价	88.00元

总　序

　　在社会主义文化强国建设的进程中，博物馆扮演着中华文明优秀成果守护者、传承者与传播者的重要角色。作为博物馆教育与传播的核心媒介，陈列展览成为博物馆守护文化遗产、传承中华文明、讲好中国故事的关键工作。好的陈列展览离不开好的策展工作。策展是构建陈列展览的过程，是通过逻辑和观念的表达，阐释文物藏品的多元价值，构建公众与遗产之间的对话空间，激发广泛社会价值与文化价值的思维和组织活动。博物馆策展的理论与实践水平，很大程度决定了陈列展览的思想境界、文化内涵、艺术品位与传播影响。因此，博物馆策展的学术研究和业务能力建设是提高博物馆陈列展览工作业务水平和影响效果的重要途径；某种意义上，也是促进我国博物馆事业高质量发展的关键所在。

　　"中国博物馆陈列展览精品·策展笔记"丛书的出版，正是源于对上述问题的思考。作为我国博物馆行业发展的协调者与促进者，中国博物馆协会长期致力于博物馆展陈质量建设和策展能力提升。在持续不断的摸索和实践中，许多博物馆同仁建议我们依托"全国博物馆十大陈列展览精品推介活动"，围绕一批业内公认的具有较大影响力与鲜明特色的获奖展览项目，邀请策展团队，形成有关策展过程和方法的出版物。在不断的讨论中，我们逐渐明确：这种基于展览策划的出版物，显然不同于博物馆中常见的对于展览内容及重点文物介绍的"展览图录"，而更适合被称为"策展笔记"。

　　所谓"策展笔记"，一方面，要聚焦"策展"的行动内容，也就是要透过展览看幕后，核心内容是展览从无到有的建设过程，尤其要重点讲述展览选题、前期研究、团队组建、框架构思、展品组织、形式设定、艺术表达、布展制作等当代博物馆展览策划的核心流程及相关体会。另一方面，要突出"笔记"的内涵风格。如果与记录考古工作的过程、方法与认识的"考古报告"相类比的话，"策展笔记"则是对陈列展览的策展过程、方法与认识的重点记录。与此同时，作为与"随笔""札记"等相似的"笔记"文体，也应带有比较强烈的主观性、灵活性和较高的自由度，宜以第一人称的口吻展开，重在呈现策展的心路历程与思考感悟，而不苛求内容体系的完整性与系统性；重在提炼策展的经验、理念、亮点，讲好值得分享的策展专业理论、专业精神、专业态度和专业手法等。我们相信，这样的"策展笔记"，不但可以作为文博行业了解我国文博系统优秀展览的"资料工具书"，也可以作为展陈从业者策展创新借鉴的"实践参考书"，还可以作为普通大众的"观展指南书"，帮助他们了解博物馆幕后工作，更好领略博物馆展陈之美。

丛书第一辑收集了 2019—2021 年度全国博物馆十大陈列展览精品推介的代表性获奖项目，覆盖全国不同地域，涵盖考古、历史、革命纪念等不同类型。由于缺乏经验借鉴，加之展览类型的多元性、编写人员构成的差异性等，在撰稿与统稿过程中，我们遇到了远超预期的挑战。这些挑战包括但不限于：如何平衡丛书的整体风格与单册图书的个体特色；如何兼顾写作内容的专业性特质与写作表达的大众性要求；如何将策展实践中的"现象描述"转化为策展理念的"机制提炼"，充分体现策展的创新点和价值点；如何实现从"报告思维"向"叙事思维"的转型，生动讲述策展的动人细节；如何在分析个案内容的同时对行业的普遍性、典型问题进行有效回应，发挥好优秀展览的示范作用；如何解决多人撰写所产生的文风不统一问题，提高统稿工作的质量和效率；等等。幸运的是，在各馆撰稿团队的积极配合下，在专家的有力指导下，我们通过设定指导性原则、确定写作指南、优化统稿与编审机制等途径，一定程度克服了上述挑战难题，基本完成了预期目标。

　　这套丛书的问世，离不开撰稿人、专家和编辑的辛勤劳动。我们衷心感谢北京鲁迅博物馆（北京新文化运动纪念馆）、中国人民革命军事博物馆、山西博物院、吴中博物馆、扬州中国大运河博物馆、杭州市萧山跨湖桥遗址博物馆、山东博物馆、湖北省博物馆、盘龙城遗址博物院、成都武侯祠博物馆、陕西历史博物馆、秦始皇帝陵博物院、和田地区博物馆等博物馆策展团队撰稿人的精彩文本。同时，我们衷心感谢南京博物院理事长、名誉院长龚良，复旦大学文物与博物馆学系主任陆建松，浙江大学艺术与考古学院教授严建强，北京大学考古文博学院教授宋向光，上海大学现代城市展陈设计研究院执行院长李黎，西安国家版本馆（中国国家版本馆西安分馆）副馆长董理，清华大学美术学院副教授李德庚等多位学者、专家的认真审读与宝贵的修改建议。感谢浙江大学出版社董事长、党委书记、总编辑褚超孚，以及社科出版中心编辑团队的细致审校和精心编辑，他们的工作为丛书的顺利出版提供了坚实的保障。浙江大学艺术与考古学院"百人计划"研究员毛若寒博士在这套丛书的方案策划、组织联络、出版推进等方面，用力尤勤，付出良多。此外，还有许多在本丛书筹划、编辑、出版过程中给予帮助的专家、老师，无法一一列举，在此谨对以上所有人员致以最真挚的感谢和敬意。

　　严建强教授在一次咨询会上曾对这套丛书给过一个很高的评价，认为它是当代博物馆专业化建设的一个重要的里程碑。对于这个赞誉，我们其实是有点愧不敢当的。我们很清楚，丛书第一辑的整体质量还有待提升，离"里程碑"的高度存在一定差距。但通过第一辑的编辑出版，我们为接下来的第二辑、第三辑的编写积累了经验、增强了信心。今后，我们会继续紧扣"策展笔记"作为"资料工具书""实践参考书"与"观展指南书"的核心功能定位，继续深化对于博物馆展览策展笔记的属性、目标、功能、内涵、形式等方面的认知，努力通过策展笔记的编写，带动全行业策展工作专业水平的整体提升。这虽然是一件具体的事情，但对构建博物馆传承与展示中华文化的策展理论体系和实践创新体系，推动博物馆守护好、展示好、传承好中华文明优秀成果，为博物馆事业的高质量发展、为建设社会主义文化强国

不断做出新贡献，是很有积极意义的。我们相信，有全国博物馆工作者的积极
参与，我们一定能把这套丛书做得更好，做成中国博物馆领域的著名品牌。

　　是为序。

　　　　　　　　　　　　　　　　　　　　　　刘曙光
　　　　　　　　　　　　　　　　　　　　中国博物馆协会理事长

彩陶中華

Painted Pottery of China:
Merging and Integration
5000 Years Ago

引　言

『早期中国』系列展览的缘起

　　"彩陶·中华——中国五千年前的融合与统一展"（简称彩陶·中华展），是由国家文物局和陕西省人民政府主办、陕西历史博物馆（简称陕历博）承办的原创大型展览，于 2020 年 1 月 22 日至 7 月 15 日在陕历博成功展出。该展览也是陕历博为了系统转化"中华文明起源与早期发展综合研究"（简称中华文明探源工程）国家科技支撑计划重大项目的丰硕成果、从 2017 年起开始策划实施的"早期中国"系列展览三部曲中的第一部。

一、展览策划背景

　　文明起源问题，不仅是中国考古学界的问题，也是国际考古学界除人类起源、农业起源外最重要的课题之一。中国是世界"四大文明古国"之一，而且是其中唯一没有中断的、原生的古老文明。对中华文明起源问题的研究，不仅对中华民族有重要意义，而且对于世界文明的研究也意义重大。2021 年是中国现代考古学诞生的第 100 年。这 100 年来，中国考古学研究的一个重大任务就是探寻中华文明什么时候起源、怎么起源。尤其是在 2001 年中华文明探源工程启动后，有关中华文明起源与早期发展的考古新发现不断涌现，研究成果更是层出不穷，从而使中华文明和中国国家起源这一重大课题逐渐有了较为清晰和明确的答案。中华文明探源工程"实证了我国百万年的人类史、一万年的文化史、五千多年的文明史"，"对中华文明的起源、形成、发展的历史脉络，对中华文明多元一体格局的形成和发展过程，对中华文明的特点及其形成原因等，都有了较为清晰的认识"，"提出了文明定义和认定进入文明社会的中国方案，为世界文明起源研究做出了原创性贡献"。这些建立在考古发现基础上的研究成果不仅具有重大的学术意义，而且对于全球华夏儿女了解中华文明的悠久历史，增强民族自信和文化自信，促进中华民族的伟大复兴，也具有重要和深远的意义。

中华文明起源问题及相关研究一直以来都是陕历博重点关注的学术问题。陕西以其特殊的自然地理区位，成为人类重要的诞生地以及中华文明的摇篮。中国历史上周、秦、汉、唐等 14 个王朝先后建都于此，横贯亚欧的"丝绸之路"从这里出发。陕历博作为集中收藏和展示陕西历史文化的综合性博物馆，其史前系列藏品也生动呈现出中华早期文明的面貌及内涵。陕历博基本陈列"陕西古代文明"的第一部分即"文明摇篮"。因此，陕历博不管是出于对自身藏品的研究，还是出于对基本陈列内容的延伸和拓展，都不能不关注中华文明探源工程的进展和所取得的丰硕成果。

陕历博相关研究人员注意并认识到，尽管学术圈内关于中华文明起源与早期发展的讨论已经非常热烈了，但广大公众却对此知之甚少。这主要是因为考古学作为一种以学术研究为目的的科学，不管是其研究成果本身，还是其研究成果传播的对象、方式乃至话语体系，都很难被一般公众所了解。而作为收藏、保护、研究、展示优秀历史文化的机构，博物馆有责任将考古学界最新的研究成果通过展览的方式传递给公众，以回应公众探索民族文化根脉的诉求；而博物馆所具有的展示与传播功能，也是将考古研究成果转化为社会大众认知的有利条件。作为一种大众传播媒介，从收藏、保护、研究、展示等基本功能，到提供知识、教育、娱乐等扩展功能，博物馆都致力于实现文化传播功能的最大化。通过陈列展览，再辅以讲解及各种教育活动、科普类书籍、公众讲座、文化创意产品等，博物馆丰富的诠释手段有助于将考古研究成果直观、立体地面向公众传播。

　　纵观近些年来我国博物馆举办的陈列展览，虽然展览数量逐年攀升，但展示、活化中华文明探源工程的展览却屈指可数。从展览内容上看，已举办过的相关展览大多局限于某个遗址或某一地域内的考古发现，或是选择某一考古发现的某一类文物进行展示，缺乏对中华文明起源与早期发展的全景式、立体化展示。这些展览从内容的诠释方式看，大多侧重于考古成果的展示，缺乏对其背后历史叙事的适当勾连，所以也很难让大众建立起对史前文明的系统认知。从展期及展览相关配套活动看，这些展览大多为临时展览，一般展期都仅有 3 个月，且主要局限于单一的展览展示，不配备或不完全配备学术讲座、社会教育活动和文创产品开发等系列化的诠释手段，这也使得展览内容的传播效果不是那么充分。随着互联网的飞速发展，公众获取信息、资源的渠道不断扩展，挖掘重大考古学研究成果的历史价值、文化价值以及当代社会价值，将其转化为高质量的公共文化产品，深度、系统地向公众解读中华文明和中国国家起源的恢宏历程，以满足公众对于传统文化内涵深入探索的需求，不仅十分必要，而且大有可为。并且，从 2001 年至 2016 年，中华文明探源工程经历了预备性研究和四个阶段的正式研究，取得了大量成果，有关中华文明起源与早期发展的许多重大问题和关键点已经变得比较清晰，这也为我们在 2017 年开始着手策划这一宏大的展览选题奠定了坚实的学术基础。

二、"早期中国"系列展览的策划

　　什么是"文明"？这是探讨中华文明起源的首要问题。中华文明探源工程坚持恩格斯关于"国家是文明社会的概括"的观点，以国家形成作为文明社会的最主要标志和最本质特征，并基于良渚、陶寺、石峁等几处都邑性遗址的考古发现，同时参考世界其他古代文明的情况，归纳出判断是否进入文明社会的关键特征。这些关键特征最为核心的内容有三条：生产发展，人口增加，出现城市；社会分工，阶层分化，出现阶级；出现王权和国家。

　　"中华文明什么时间起源"是探讨中华文明起源的核心问题。在对这一问题研究的过程中，"早期中国"这个概念被提了出来。学者们普遍认为，夏商周已步入"王国"时代，王国的形成应当有一个史前基础，可将之称为"早期中国""最初的中国"或"最早的中国"。虽然这几个提法不很一致，但都是指社会从基本平等发展到社会分层分化、阶级出现、国家建立，是一个转型阶段。关于"早期中国"这个转型阶段的时间框架，或者说中华文明起源的时间问题，虽然学界的认识也不尽一致，但比较多的学者都认为仰韶时代庙底沟文化时期是"早期中国"初具雏形的阶段。所以，中华文明起源的年代上限可以定为庙底沟文化时期，即距今 6000 年左右。关于其年代下限，可定为二里头文化时期之前。因为二里头文化呈现出之前社会从未显露出的王朝气派，是历史的一个重要节点，因此可以将二里头文化之前的聚落形态或"国家"形态称为"古国时代"。由此也可以看出，"早期中国"与"古国时代"从时间框架和研究内涵上是基本相同的。

　　中华文明起源与早期发展的进程，即"早期中国"或"古国时代"的文明化进程，是探讨中华文明起源的重点问题。学者们认为：从距今 6000 年开始，各地区相继出现比较明显的社会分化和显贵家族。表现最为突出的为距今 6000—5500 年中原地区的庙底沟文化，它不仅实现了内部的融合，而且对周边文化产生了强烈影响。距今 5500—4300 年，各区域文化的社会分化进一步加剧，形成了集军事权力与祭祀权力于一身的王者及地位显赫的家族，出现了早期国家，进入区域文明社会。距今 4300—3800 年，各区域文明相继发生衰变，而中原地区的文明兼收并蓄，一跃成为最为兴盛的文明，开启了以中原地区为核心的历史格局，形成了"早期中国"。与此相对应，从古国演进的视角看，距今 6000—5500 年的第一阶段可称为"古国时代初期"，主要表现为聚落群内部的整合；距今 5500—4300 年的第二阶段可称为"古国时代早期"，呈现出聚落群之间整合的趋势；距今 4300—3800 年的第三阶段可称为"古国时代晚期"，这一时期人群的流动明显增加，文化间、社会间的交流频度和深度也随之加强，战争暴力现象明显超过以往。

在"早期中国"文明化进程的三个阶段，古国时代初期庙底沟文化彩陶的传播、古国时代早期和晚期各区域文明普遍"以玉为贵"的习俗，以及古国时代晚期铸铜技术等一些全新生产力要素在改变和推进社会进程上产生的巨大作用，显示出彩陶、玉器、冶金在各个不同阶段分别扮演了突出而重要的角色。因此，通过彩陶、玉器、冶金三个视角，可以审视当时农业与手工业的发展、珍稀资源和高等级手工业制品的生产和分配、社会的阶层分化以及社会管理权力的运行等社会现象。而且，鬼神天地崇拜是史前先民精神世界的重要组成部分，祭祀活动构成先民最初的礼制世界。作为丧葬祭祀礼仪用器的彩陶、玉器、青铜器本身，都是具有丰富内涵的文化载体，"古礼是看得见、摸得着、有载体的制度文化，其具体抓手主要有用彩制度、用玉制度和用鼎制度"。

正是基于对"早期中国"文明化进程以及彩陶、玉器、冶金在这一进程中重要作用的认识，陕历博策划了"彩陶·中华""玉韫·九州""吉金·中国"系列展览。其中，彩陶·中华展聚焦古国时代初期的庙底沟文化，探讨这一时期以彩陶为媒介所成就的中国历史上的第一次大规模的文化融合；玉韫·九州展聚焦古国时代早期和晚期各区域文明间的互动及其兴衰，探讨这一时期玉礼器如何助推和强化神权、军权和王权的文明起源发展模式；吉金·中国展聚焦古国时代晚期，探讨以铸铜技术为代表的各种文化因素如何向中原汇聚，并进而催生出王国文明的伟大历程。陕历博策划这三个主题密切关联的展览，以实现对中华文明探源工程研究成果的创新性转化，以及对中华文明起源与早期发展进程的系统阐释。

三、彩陶·中华展的策划与实施

作为"早期中国"系列展览的第一部，彩陶·中华展于 2018 年 2 月正式启动。项目启动伊始，主策展人便以课题组的形式搭建策展团队，带领团队梳理研读海量文献和相关学术成果，以达到对彩陶与"早期中国"研究成果的融会贯通，并在此基础上形成展览大纲，构建展览的叙事框架及内容文本。

研究显示，彩陶的发现和研究不仅与中国考古学的发生与发展密切相关，也与中国文化的本土起源和中华文明的最初发展关系密切。1921 年，瑞典地质学家安特生在河南渑池仰韶村的考古发掘，直接催生了中国现代考古学的诞生。在仰韶文化发现之后，一方面，安特生推断仰韶村是"中国人的第一个史前遗址"，仰韶文化是"中华远古之文化"；另一方面，因为仰韶文化最有特色的彩陶跟中亚某些地区（今土库曼斯坦安诺遗址等地）出土的彩陶很相似，安特生提出了仰韶文化即"中国文化西来"的假说。之后，1928 年，吴金鼎在山东历城发现了城子崖遗址。1930 年正式发掘后，发现了与之前刚刚揭露的安阳殷墟小屯商文化面貌接近的龙山文化。1931年，梁思永在殷墟第四次发掘中发现了仰韶、龙山和商代文化的叠压关系，判断出这三种文化的先后序列，确认了殷商文化的史前基础，即商文化是由仰韶文化、龙山文化发展而来的一种文化。这些重要的考古发现为打破"中国文化西来说"、证明中国文化的本土起源，提供了坚实的考古证据。

目前所见，我国的彩陶诞生于8000多年前的新石器时代中期。这一时期，在渭河流域、长江中游以及钱塘江流域杭州湾附近的遗址中，都有彩陶的身影。距今7000—5000年的新石器时代晚期是史前文化的大发展时期，而其繁荣发展的鲜明标志就是彩陶的兴盛。黄河流域的仰韶文化、大汶口文化和马家窑文化，辽河流域的红山文化和小河沿文化，长江流域的大溪文化和屈家岭文化都有比较发达的彩陶，而其中尤以仰韶文化的彩陶最为突出。为什么彩陶会在漫长的时间范围里和广阔的空间范围内得以传承和传播呢？这些不同地域的彩陶文化之间具有什么样的关系？那些精心描绘的彩陶图案表达着古人怎样的理念和情感？而这些理念和情感又怎样驱动着当时社会的运转？

通过梳理彩陶相关的大量研究成果，我们认识到：彩陶是新石器时代中晚期，特别是新石器时代晚期杰出的艺术和工艺成就。彩陶在黄河流域发展得最为充分，而黄河最大的支流渭河流域的彩陶更以其发展序列最完整且对周围地区发生的影响最大，而成为一个突出的文化现象。彩陶在渭河流域经过了老官台文化、半坡文化、庙底沟文化和仰韶晚期文化大约3000年的发展，其图案也从老官台文化的红色宽带纹，转变为半坡文化中由直线构成的各种几何纹和以鱼纹、人面鱼纹为代表的象生纹饰，再转变为庙底沟文化中由弧线构成的花瓣纹和以鸟纹为代表的象生纹饰。在渭河中下游地区彩陶文化发展的最后阶段，亦即仰韶晚期文化时期，彩陶图案又变得潦草、简单，似乎再一次返回到半坡文化时的直线几何特征。而渭河上游地区的马家窑文化彩陶则异军突起，成为继中原地区庙底沟文化之后彩陶发展的又一中心。

庙底沟文化的彩陶是中原地区3000年彩陶发展历程中的最高峰。庙底沟文化因 1957 年发现于河南陕县（今陕州区）庙底沟遗址而得名，时间为距今 6000—5500 年。庙底沟文化的遗址分布于渭河、洛河及汾河流域，主要集中于今天的陕西关中东部及豫西、晋南一带，也即传统意义上所称的中原地区。庙底沟文化彩陶不仅数量繁多、器形多样、纹饰丰富，而且在东到大海、西达甘青、南至长江、北抵阴山的广大范围内均有分布，在时间和空间上展现出超强的相似性和一致性。这种相似性和一致性被认为是以彩陶为媒介所形成的中国历史上第一次文化意义上的融合与统一，因此有学者称之为文化上"早期中国"的雏形，是"早期中国文明的第一缕曙光"。这种文化意义上的融合与统一在空间上呈现出自内向外的三个层次：关中东部及豫西、晋南的核心区；黄河中游地区的主体区；黄河下游、长江中下游和东北南部地区的边缘区。这三个层次犹如一个巨大的、具有多重花瓣的大花朵，反映的就是"早期中国"重瓣花朵式的文化格局。

　　从彩陶的出土位置看，这些器物不仅是当时人们重要的生活用品，有很多还被作为随葬品，甚至直接作为葬具，体现着当时的丧葬礼仪，反映着古人的思想观念。那些费工费时费心描绘的彩陶图案，极有可能是当时人对于天地山川、风雨雷电、生老病死等现象的理解和认知，是体现他们喜悦、恐惧、希望和期盼的"密码"。从图像学层面分析，有两个现象尤有意义：一是半坡文化晚期或称史家类型的彩陶图案，常常由直线、圆点和弧线等构成，而由其所构成的象生图案中发现有鱼、鸟共生的形象，或为鱼鸟相争，或为鱼鸟相融。这种既有半坡文化元素又有庙底沟文化元素的彩陶，学者们普遍认为是半坡文化向东发展、庙底沟文化向西发展这一文化互动在器物图案上，或者说是在当时人们观念认知上的反映。有些学者根据史书中记载的鱼纹与炎帝部落的关系以及鸟纹与黄帝部落的关系，又进一步指出，鱼鸟相争或鱼鸟相融的彩陶图案，就是半坡文化与庙底沟文化之间交流与融合的直接反映，也是炎黄部落之间争战及炎黄联盟形成过程的生动隐喻。二是半坡文化彩陶中的鱼纹和庙底沟文化彩陶中的鸟纹都经历了由具象到抽象的发展过程，并最终发展为两种花卉纹饰：一种是相对具象的四瓣式花瓣纹，另一种是比较抽象的弧线三角形花卉纹。半坡文化彩陶中的鱼纹和庙底沟文化彩陶中的鸟纹最终趋同为花纹，是两种文化完全融合的标志。而在东到大海、西达甘青、南至长江、北抵阴山的广大范围内，都能发现这种以圆点、勾叶和弧线三角为基本元素构成的庙底沟文化花卉纹彩陶图案，说明两种文化融合后形成的强大力量向周围的辐射和影响。炎、黄两个部落的人正是在对"花"的共同认知下，形成了最初华夏民族的核心。

正是因为通过彩陶可以建构起中国历史上第一次文化意义上大融合的壮丽图景，可以展示"早期中国文明的第一缕曙光"的伟大初现，可以证实"早期中国"的最初发展，展览得到了国家文物局和陕西省人民政府的大力支持，也得到了全国 16 个省区市文化、文物主管部门的大力协助。我们精选了 36 家文博单位的 245 件（组）与展览主题相关的文物，通过"艺术·源流""观念·社会""寻根·中国"三个单元，以渭河流域彩陶发展的纵向脉络、彩陶繁盛期庙底沟文化社会的横向剖面，以及对"华夏之花"的探源溯流，展示了 5000 年前中华大地上第一次文化大整合的恢宏历程及其深远影响和重大意义，探寻了中华文明的源远流长与中华民族的文化根脉。

为了将上述丰富的内容清晰、生动地传递给公众，我们在展览形式的设计上也颇费了一番心思。首先，在空间布局上采用双层"回"字形结构，形成条状的长廊和方正的中心展区两种空间，不仅使空间布局与内容结构相契合，也使得空间风格与博物馆其他展厅形成明显的区别。其次，在参观动线上用分离式多线组合代替传统的单一线性，构建"一轴两线"的参观路径。"一轴"即文物中心轴，"两线"即文字图表辅展线和互动多媒体辅展线。再次，在展陈风格上借鉴美术馆的"白盒子"，代替传统历史类博物馆的"黑匣子"，以突出彩陶的色彩和图案，同时也在整体色调上呈现出现代简约的艺术效果；单元段首和互动多媒体背景墙面采用现代设计风格表达彩陶文化元素，与当代人的审美趣味产生共鸣，同时也体现出传统文化对现代人的激发以及传统文化在当代的传承。最后，在辅助展示方面，通过文字图标、沙盘模型、影像游戏、互动打卡等多种形式构成立体的辅展方式，以进一步向公众阐发展览内容。

彩陶·中华展在 2020 年 1 月 22 日至 7 月 15 日的近六个月的展期中，虽然受到新冠疫情的影响，但展览的线下观众仍然超过 34 万人次，线上观众更是达到创纪录的 500 余万人次。《人民日报》、《中国文物报》、央视、新华网、人民网、西部网、弘博网等各类媒体在展前、展中、展后的不同阶段，都对展览进行了全方位、多角度的报道和宣传，掀起了一股彩陶文化的热潮，从而使彩陶与"早期中国"的考古学研究成果在更大范围被公众所了解。

在展览之外，2020 年 7 月，陕历博组织召开了"溯源寻根 传承利用'彩陶·中华——中国五千年前的融合与统一'展览研讨会"，邀请了来自全国 36 家文博单位、高校及科研院所的 50 余位知名专家学者，围绕彩陶与"早期中国"考古研究以及考古研究成果的博物馆展示与传播等问题，进行了深入研讨。为了使公众更好地理解展览，在更大范围、更长时段传播分享展览研究成果，策展团队编撰出版了面向专业人群和资深爱好者的《彩陶·中华——中国五千年前的融合与统一》大型学术图录。为了帮助公众及策展团队深入理解彩陶文化研究的多方面成果，从展览筹备伊始至展览闭幕历时近三年的时间里，邀请全国知名专家学者连续举办了 20 期彩陶文化系列讲座，以呈现彩陶文化研究的不同视角与观点。为了向更多普通观众传播展览文化内涵，策展团队还策划举办了一系列线上线下的教育活动，特别是展览期间推出的 12 期"听小姐姐讲彩陶"系列音频课程，因内容依托彩陶·中华展严谨的内容大纲，且由 5 位策展团队的"小姐姐"亲自撰稿、亲自录音，同时伴以精心选择的沉静而幽远的埙乐，从而使知识性和趣味性相得益彰，一经推出便受到了业界和公众的广泛好评。在音频课程的基础上，陕历博又针对普通观众出版了通识读物《泥火幻彩：听小姐姐讲彩陶》，图书对音频课程的文字进行了进一步打磨，同时添加了 50 多幅精美的彩陶图片和便捷的收听二维码，以满足公众视觉与听觉的双重需求。为了让公众将"文化带回家"，陕历博配合展览开发了 90 余种文创产品，涵盖生活用品、文具、首饰等品类，特别是《2020陕博日历·彩陶中华》，实现了展览的拓展与延伸，不仅在内容和形式上都起到了与展览互相补充且相映生辉的功能和效果，也得到了社会各界的强烈关注，收获了良好的社会效益。这种配合展览举办的专题学术讨论会、面向不同受众的各种出版物、系列公众讲座、主题教育活动、文创产品研发等子项目的同步策划与实施，共同强化了展览的影响力，实现了多角度、多层次、立体化向不同受众展示传播彩陶文化丰富内涵的根本目标，使得彩陶与早期中国研究的考古学术成果借由博物馆的展示与传播得以较为充分的活化。

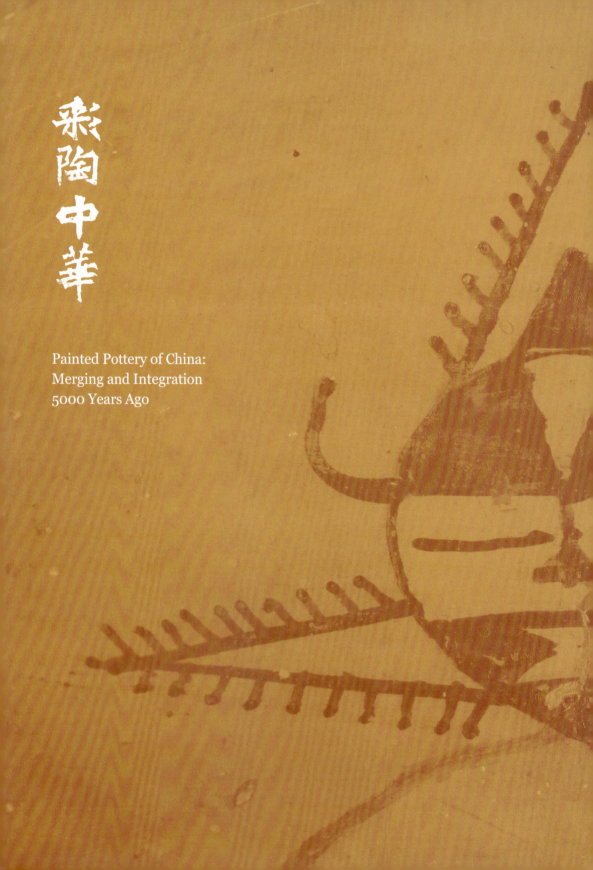

彩陶中華

Painted Pottery of China:
Merging and Integration
5000 Years Ago

导 览

看华夏之花如何绽放

　　彩陶·中华展在陕历博第五展厅展出，展厅面积 1200 平方米，展线总长 457.6 米。展品来自北京、河北、山西、内蒙古、辽宁、江苏、浙江、山东、河南、湖北、湖南、四川、陕西、甘肃、青海、宁夏等 16 个省区市，参展文物数量 245 件（组）。展览通过渭河流域彩陶发展历程的纵向脉络以及仰韶时代庙底沟社会的横向剖面，勾勒出 5000 年前中华大地上文化融合、社会统一的壮丽图景，带领观众一同探索中华文明的源远流长与中华民族的深厚根脉。

　　展览除序和尾声之外，主体部分由三个单元构成。第一单元"艺术·源流"呈现彩陶绘彩技术与艺术，展示彩陶文化在渭河流域 3000 年四个阶段的发展演变历程。第二单元"观念·社会"以彩陶作为连接点，描绘庙底沟时期的社会与文化景象，解构融合与统一的中华早期文明起源发展模式。第三单元"寻根·中国"解读鱼、鸟、花等彩陶图案的文化内涵与历史事实，通过彩陶探寻华夏文明的最初源头。

图 2-1 展览序厅

一、序　厅

　　步入彩陶·中华展厅，首先映入眼帘的就是由"时光隧道"和展标墙构成的展览序厅（图2-1）。"时光隧道"由廊道两边悬垂的麻质帷幔构成，并通过投影仪将游走的鱼纹、飞翔的鸟纹和次第绽开的花纹投射在帷幔上，让其循环往复，生动变幻，以体现半坡文化的鱼纹、庙底沟文化的鸟纹最终变为花纹，来展示不同部族逐渐融合为中华民族的历史史实。鱼纹、鸟纹和花纹透过帷幔洒在地板上的光影，与头顶天花板上的点点繁星交相辉映，寓意中华大地上的早期文明如满天星斗般璀璨，此时中原地区的庙底沟文化无疑是中华文明星空中最耀眼的那颗巨星。"时光隧道"尽头是一块横向的展标墙，其中间部位是用陕西省渭南市华州区泉护村遗址出土的花瓣纹彩陶器盖的俯视图制作的主题图案，其上再凸显出展览的主标题、副标题，

以及展览的主办、承办单位等相关信息。展标下以巍峨的群山作为背景，这既
是神州大地壮美河山的缩影，更是位于庙底沟文化中心的神山——"花山"亦
即华山的象征。"时光隧道"部分与展标墙部分不仅动、静结合，共同呈现展
览的主题；而且通过灯光氛围的营造，让前者的"暗"与后者的"亮"相映衬，
使观众一步入展厅便能尽快沉静下来，在体会彩陶文化悠远神秘的同时，能尽
快"抓住"展览的主要信息。

二、第一单元：艺术·源流

第一单元"艺术·源流"由"泥火幻彩""探源溯流"两节组成。第一节"泥
火幻彩"从"何为彩陶"这一问题引入，通过追溯世界彩陶文化的起源与分布，
解读彩陶的制作工艺与艺术表现手法。第二节"探源溯流"重点展示渭河流域
作为世界重要的彩陶文化区，从距今 8000—5000 年的 3000 年间彩陶文化的发
展脉络与主要特点。包括宽带纹三足彩陶钵、人面鱼纹盆、花卉纹彩陶盆在内
的众多耳熟能详的彩陶精品均呈现在此，希望大家能从中感悟中国史前时期古
人的艺术成就与卓越智慧。

彩陶是在打磨光滑的红色或橙红色陶坯上，以赭石、氧化锰等天然矿物颜
料作呈色材料，然后入窑烧制形成带有红、黑、白等色美丽图案的陶器。彩陶
不仅是史前人类的实用器具，更是史前时代卓越的艺术成就。从世界范围看，
距今 8000 年前，亚洲大陆的东西两端率先出现了最早的彩陶。中国彩陶作为其

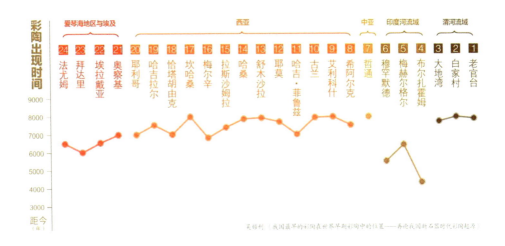

图 2-2　早期彩陶分布示意

中重要的组成部分，沿着自己的脉络发展，延续时间逾 5000 年。

　　观察辅展墙上的早期彩陶分布示意图（图 2-2），我们不难发现，全世界范围内文化较为发达的地区均有彩陶的身影。距今 8000 年左右的新石器时代，亚欧大陆东西两端率先出现了彩陶。爱琴海地区的奥察基遗址、尼罗河流域的埃及法尤姆遗址，是亚欧大陆最西端的彩陶发源地。而出土于黄河流域老官台、大地湾等遗址以及长江中下游地区上山遗址的彩陶，则是东方彩陶的先声。除此之外，西亚的哈吉拉尔遗址、耶利哥遗址、舒木沙拉遗址，中亚地区的哲通遗址以及印度河流域的梅赫尔格尔遗址，也都发现了早期彩陶。

　　从世界范围来看，彩陶出现时间早、发展程度高的地区，大多位于气候适宜、黄土与河流发育的中纬度地区。一方面，这些地区的自然地理条件优越，适宜人类定居和发展农业，为彩陶的出现奠定了物质基础；另一方面，这些地区孕育的黄色黏土适合制作精细的浅色陶器，无疑是绘彩的最佳载体。

地域文化的差异造就了风格迥异的彩陶纹饰特征，但我们仍然能从中捕捉到两个早期彩陶的共同特征。

首先，早期彩陶的绘彩颜色多以红彩为主。比如远在土耳其哈吉拉尔地区的彩陶，伊拉克耶莫地区的彩陶，我国渭河流域的老官台文化彩陶，还有中亚地区的早期彩陶都是以红彩为主的。当然，上述地区除使用红彩外，也发现有黑彩、白彩等其他颜色彩绘。

其次，早期彩陶流行宽带纹。比较典型的就是老官台文化彩陶。老官台文化彩陶的纹饰非常简单，多在钵、碗等陶器的口沿外侧装饰一周红彩宽带纹。这一抹红彩，拉开了中华彩陶的宏伟序幕。

（一）泥火幻彩

"泥火幻彩"共包含"制作工艺""艺术法则"两小节。第一小节"制作工艺"，通过重点展品——一组施彩用具的展示，结合动画短片，解读彩陶制作的具体工艺流程。第二小节"艺术法则"选取一组典型的庙底沟文化彩陶，结合丰富的辅展信息，将彩陶的构图元素、构图法则、观赏角度等内容娓娓道来，带领大家一睹彩陶艺术之美。

1. 制作工艺

作为着色陶器的一种，彩陶特指烧制前施彩的陶器。施彩就是将矿物颜料加工后，设计纹饰并绘制到陶器上的过程。在烧制过程中，矿物颜料在高温下发生化学变化，与陶胎融为一体，图案不易脱落，美观耐用。除施彩环节外，彩陶的制作与一般陶器基本相同，要经过选料、加工陶土、制坯、修饰、烧制等工序。通过展厅里设置的短片，可以清楚了解彩陶制作工序。

（1）选料：史前居民会在居住地附近的河流沿岸选取黏度适中、泥质较细的黄黏土或红土作陶土。

（2）加工陶土：要制成质地纯净、结构紧密、均匀细腻的陶器，陶土必须经过多次淘洗和反复沉淀以去除泥土中的杂质。考虑到高温烧制时陶器易发生开裂和变形，人们又会在陶土中掺入沙粒、蚌壳末、植物末以及碎陶末等碎屑，这些碎屑被称为"羼和料"。一般来说，细腻的泥质陶（不加羼和料）更适宜绘彩，少数情况下才会在掺入羼和料的陶器上绘彩。

（3）制坯：常见的制坯方法分为手制、模制和轮制三种。手制法最为普遍，既可以用手直接将陶器捏塑成形，也可以把调和好的陶土搓成泥条，一圈一圈地盘成理想的造型。使用手制法制作大型陶器时，有时还会将多个泥片粘贴在一起，组合成器。模制法和轮制法是较为成熟的制坯方式。前者依赖模具塑形，后者利用轮盘旋转时产生的惯性将陶泥拉坯成形。

（4）修饰：待陶器快干的时候，要将陶坯的表面进一步修整光滑。这一步可以借助陶拍、陶垫等工具进行处理，也可以用手直接蘸水涂抹器表。对于器表上的不平整则可以利用木片等工具进行刮削。有时，还会用细腻的陶土加水调和成泥浆涂抹在陶器表面，以掩盖坯体表面的瑕疵。含有铁、铝等元素的泥浆，烧制后就形成了各种颜色的陶衣，在后续施彩时也能帮助颜料更好地上色。

（5）施彩：施彩环节是彩陶区别于其他陶器制作的关键步骤。彩陶上的颜色以红、黑、白为主，亦有少量的褐彩、黄彩、紫彩等。彩色原料多为矿物质颜料，具有高温烧制后色彩变化小、鲜艳度高、耐久度好等特点。饰彩陶器按照工艺流程不同可分为彩陶和彩绘陶。与彩陶的烧前绘彩不同，彩绘陶是泥坯入窑烧制成器后，再在表面绘彩。彩绘附着性较差，色彩容易脱落。

（6）烧制：经过高温焙烧，柔软的陶土被永久硬化。天然矿物质颜料在高温下发生化学变化，与陶胎融为一体，彩绘也愈发匀净鲜亮，不易脱落。彩绘牢牢地吸

图 2-3　姜寨遗址出土的绘彩用具

附在陶器表面，遇水不化，湿润后甚至更加光彩夺目。

　　这组文物出土于陕西临潼姜寨遗址，是当时人们制作彩陶所使用的绘彩用具，包括一个带盖的石砚、一个石质的研磨棒、一块颜料以及一个陶水杯（图2-3）。石砚大致呈长方形，表面和底部平整光滑，中心有一个直径7.1厘米、深2厘米的圆形臼窝，臼窝内附着有红色颜料痕迹。臼窝上有一梯形扁平石片充当砚盖。研磨棒一头光滑圆润，另一头因长期使用已经被磨成了斜角形。出土时研磨棒就放置在石砚内。颜料块为红色，经检测成分为三氧化二铁，形状不太规则，明显经过使用。陶水杯呈漏斗形，应该是绘画时的盛水器。

　　矿物颜料块是了解彩陶绘制工艺的重要发现。除姜寨遗址外，陕西省宝鸡市的北首岭遗址也发现了颜料块（图2-4）。这块颜料呈赭红色，经鉴定为三氧化二铁和石英的混合物，系天然的赤铁矿石，是史前时期烧制红彩的主要颜料。

图 2-4　北首岭遗址出土的颜料块

　　无独有偶，陕西高陵杨官寨遗址也有类似发现。展览辅展墙上展示了杨官寨遗址一墓葬中出土的颜料块（图 2-5），它出土于墓主上臂外侧，经检测成分主要是赤铁矿。颜料颗粒均匀，附着有较大的石英、碳酸钙等物质，颜料中还发现有动物胶类的黏合物。据此推测颜料的制备可能经过了煅烧、研磨、筛选、掺和动物胶、凝结成块等一系列工序。

　　除了赤铁矿外，含铁量很高的红色黏土和朱砂也是史前时期常见的红色颜料。赤铁矿在自然界比较常见且易于获取，难怪在彩陶诞生之初，那抹艳丽的红色就风靡了全世界。当人们对颜料的掌控更加得心应手时，黑彩、白彩等其他颜色彩绘相继出现。通过展板上的不同颜料的呈色展示（图 2-6），我们可以了解到黑彩的主要成分是磁铁矿、锰铁矿和锌铁尖晶石；白彩的主要成分是石膏和方解石，也有用高岭土直接来施彩的。

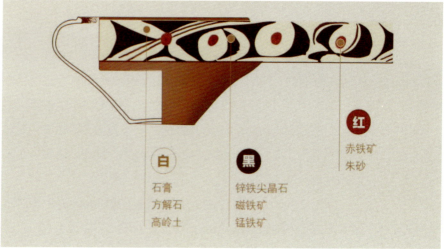

图 2-5　陕西高陵杨官寨遗址出土的红色颜料（上）

图 2-6　不同颜料的呈色显示（下）

图 2-7　彩陶上的笔触痕迹

　　姜寨先民以陶为纸，以石作砚，以矿物作颜料，却唯独缺失了绘画的笔。由于迄今为止还没有实物出土，我们只能通过对彩陶表面笔触痕迹的观察进行大胆推测。许多彩陶花纹在不经意间留有尖细的笔锋（图 2-7），如狼、鹿等动物的毛发或植物的纤维，因此绘彩的"笔"可能是类似毛笔这样的工具。这些材料对于颜料具有较好的凝聚性，但有机质的材料很难经过漫长的岁月留存下来。这也就解释了为什么目前还没有发现彩陶上色工具。

2. 艺术法则

　　彩陶图案以点、线、面为基本元素，通过连续、对称、共用、反复等构图方式，组合成多样的主题纹饰。这些纹饰可能是对自然现象或日常生活的具象临摹，也可能是提炼或变形而成的抽象图符。在阴纹与阳纹的相互衬托、平观和俯视的有机结合下，我们会有不同的审美体验。

　　图 2-8 展示的是构成彩陶图案的几种基本元素：直线、曲线、点、圆形、三角形和四边形。这些元素的互相组合，是人类产生自觉意识的表现。

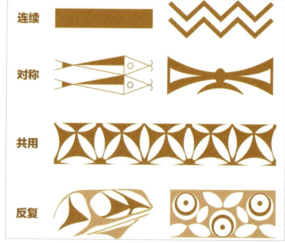

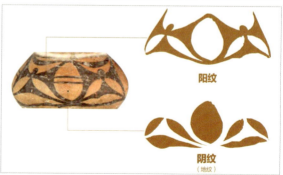

图 2-8　彩陶的构图元素（上）
图 2-9　彩陶的构图法则（中）
图 2-10　彩绘与留白（下）

　　工匠们并不是简单地将彩绘平铺在彩陶上，而是遵循一套独有的构图法则，进行疏略得当的布局。这种布局使得纹饰的形式美具有很强的感染力。老官台彩陶上连续一周的宽带纹、半坡彩陶上对称分布的鱼纹、庙底沟彩陶上共用花瓣的花卉纹以及马家窑彩陶上反复出现的圆圈纹，分别对应了图中连续、对称、共用、反复的彩陶构图法则，也由此形成了各自鲜明的彩绘风格和艺术美感（图2-9）。

　　彩陶纹饰的形式美在其纹饰的勾勒与留白中尽数显现。勾勒出的彩陶纹饰叫作"阳纹"，彩绘之间的留白称为"阴纹"或"地纹"。从阴、阳不同角度解读彩陶，其纹饰会呈现出不同的艺术效果（图2-10）。这种反用色彩、间接表现主题的构图方式，与中国传统绘画"计白当黑"的理念一脉相承，也体现出一种更为复杂的思维模式。所以，当你盯着一件彩陶上的"阳纹"仔细揣摩其中意味的时候，不妨看看留白的"阴纹"，兴许你会体会出另一番韵味和美感。

　　相比于岩画、地画、线刻画、壁画等原始绘画，在陶器上作画的难度更大。一般的绘画载体往往是平面，而彩陶的绘画载体却是近似球形的弧面，这就要求陶工在绘彩前必须严格布局，绘彩时更要"眼观八方"，确保每一面的对称与和谐。故而我们在观看彩陶时，不必遵循某个固定的视角，从不同角度观看彩陶纹饰，会产生截然不同的视觉效果。

　　比如这件半坡文化的兽面纹彩陶壶（图2-11），由器口向下，颈部先是收窄，而后腹部斜出，下腹向内凹，最后收为一平底。陶壶肩部至折腹之间的区域绘黑彩，平视时仅能看到一面的兽面纹，而俯视看下去，随着腹径由小变大，连续的兽面组成了一个完整对称的六角形图案，又似一朵盛开的花朵，精妙绝伦。

　　还有我们耳熟能详的那件半坡文化人面鱼纹盆，如果观赏时不低下头，怎么可能将彩陶里侧的纹饰尽收眼底呢？而对那些通体施彩的陶器来说，恐怕只有从多个角度欣赏才能做到一览无余。彩陶·中华展在布展时也充分考虑到了参观者的视角，高低错落的展柜、展板图片的补充、多媒体设备的介入，只为带给各位朋友最佳的视觉体验。

图 2-11　半坡文化的兽面纹彩陶壶（正视效果；右上：俯视效果）

（二）探源溯流

在第二节"探源溯流"部分，我们通过"晨曦初现""人鱼之悦""繁花似锦""芳华未艾"四小节内容，了解渭河流域先后历经的老官台文化、半坡文化、庙底沟文化和仰韶晚期文化四个主要发展阶段，追溯渭河流域绵延近3000年的彩陶发展历程。

渭河流域是中国彩陶文化的发祥地，也是世界重要的彩陶文化区，其彩陶出现时间早、延续时间长、影响范围大、发展脉络完整，是中华大地上一种独特的文化景象。

1. 晨曦初现

距今8000—7000年，渭河流域孕育的老官台文化，是目前中国较早产生彩陶的考古学文化之一。老官台文化因首先发现于陕西华县（今华州区）老官台遗址而得名，由展览中的老官台文化分布范围示意图，可以发现该文化主要分布在渭河中上游地区和丹江上游地区，大致在今天陕西、甘肃省内，最南缘可能已经抵达湖北郧阳区。陇东和关中地区是该文化分布的核心地带。

老官台文化的彩陶，无论是器物造型，还是器表纹饰都相对简单，以施于三足钵、圜底钵等陶器口沿外侧的黑、红色宽带纹为代表，同时也有一些由细线构成的类似符号的纹饰。彩陶在老官台陶器中所占的比例较高，如甘肃秦安大地湾一期墓葬出土的陶器，施彩的陶器约占总陶器数量的三分之一。

这件宽带纹圜底彩陶钵（图2-12）出土于大地湾遗址。整件陶器烧制均匀，器壁较薄，腹部至底部压印交错绳纹，口沿处一周磨光，涂红彩，体现出大地湾先民较为发达的彩陶制作工艺。宽带纹彩陶虽然图案简单，色彩单一，但分布范围广，在渭河流域老官台文化诸遗址中均有发现，表明当时彩陶的使用已颇为普遍，并且已形成了较为成熟、统一的艺术风格。

图 2-12　大地湾遗址出土的宽带纹圈底彩陶钵（上）
图 2-13　北刘遗址出土的宽带纹三足彩陶钵（下）

　　陕西渭南的北刘遗址中出土了这样一件宽带纹三足彩陶钵（图2-13）。陶色呈红褐色，质地较密。口沿以下钵体弧出为深圆腹，圜底下带有三尖锥状足。口沿外壁一周抹光，饰红彩宽带纹，口沿内部也有一圈红彩宽带纹。钵外壁饰斜向粗绳纹，绳纹垂直方向有细刻划纹，与绳纹交错形成细密的网格状效果，颇具特色。

　　关于彩陶上出现的红彩宽带纹，有人曾经这么解释：现在的民间陶工在制作夹砂的粗陶器时，由于手指不断转圈修抹口沿，经常把手指磨得出血，以致血液染红了陶器口部。原始陶工在修整陶器的时候，可能也会出现类似的情况。久而久之，他们会认为只有把陶器口沿加工到手指出血的程度，才能得到坚固耐用且不易烧坏的陶器。因此，在陶器上装饰一周红彩宽带纹，便满足了古代先民期望烧制出坚固耐用的完美陶器的心理。

　　也有一种观点认为，宽带纹以红色的表达而具有火与太阳的光彩，又以其周围的回旋而有太阳出没往来的联想。陶器及其红彩宽带纹经过了火的洗礼而存在，火原本是太阳的一部分，红色宽带、火和太阳可能在古人的脑海中被联系起来。红色宽带可能象征着炽热的太阳光芒，绕口沿一周的圆圈又与太阳周而复始的形态对应。

　　在老官台文化中，彩陶宽带纹总和一些彩绘符号共同出现，如图2-14中的十字形、箭头形、"M"形、弧线、点及一些不规则的符号，它们被按照特定的布局勾勒在陶器的内外表面上。关于符号本身的意义，至今还是一个困扰研究者的谜团。有人认为彩绘符号仅是一种装饰，有人将其看作是蕴含深意的记号，还有人视之为远古文字的雏形。

　　老官台文化彩陶具有明显的时代特征。这种以红彩为主的彩陶，与此后渭河流域一直流行的以黑彩为主的彩陶风格有明显的区别。以红彩宽带纹为代表的彩陶纹样虽然稍显稚拙，但其平实简单的构图却显示出中国彩陶的萌芽和最初的风采，并深深影响了此后兴起的仰韶文化，逐渐将中华彩陶艺术推向顶峰。

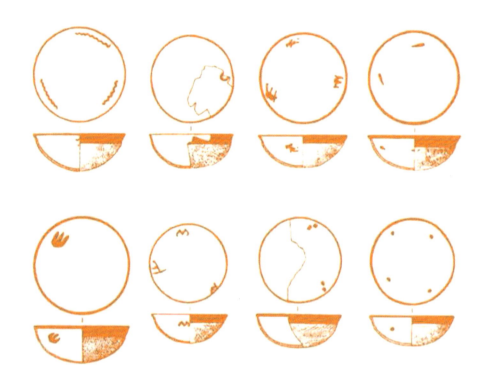

图 2-14 老官台文化常见的彩绘符号

2. 人鱼之悦

在距今 6500—5800 年，继老官台文化之后，渭河流域兴起了又一支史前文化——半坡文化，缔造了更加辉煌的彩陶文明。半坡文化主要分布在陕西的关中和陕南地区，西至陇东，东至晋南、豫西，北至河套地区，均有分布。

不同于老官台文化彩陶惯用红彩，半坡文化彩陶纹饰多用黑色绘制而成，主要绘制在钵、盆、瓶、罐上，内彩发达，流行宽带纹、直线、三角等几何纹以及鱼纹、人面鱼纹、鸟纹、鹿纹、蛙纹等象生图案（图 2-15），尤以具有浓厚

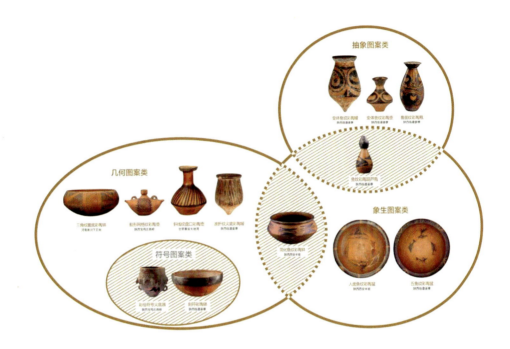

图 2-15　半坡文化彩陶纹饰示例

绘画意趣的鱼纹和人面鱼纹最为典型，表现出高超的艺术手法和神秘的原始宗教气息。下面我们就借助几件展品来感受一下半坡文化的彩陶风格。

鱼纹是半坡文化彩陶中最具代表性的一种纹饰题材。半坡鱼纹种类多样且体态各异，表现手法也不拘泥于一种形式。半坡文化早期的鱼纹写实性较强，鱼头、鱼眼、鱼身、鱼鳍、鱼尾一应俱全，有时连鱼嘴中吐出的泡泡都被仔细地绘制在陶器上；半坡文化晚期部分鱼纹已比较抽象，有的仅保留了鱼头或鱼眼，鱼身简化甚至省略，或者将鱼的身体各部位拆解、打乱位置进行重组，十分不易辨认。丰头遗址出土的这件彩陶盆（图 2-16）上，表现的就是具象的鱼纹。

人面与鱼的结合，诞生了半坡文化最负盛名的彩陶精品——人面鱼纹盆。人面

图 2-16 丰头遗址出土的鱼纹彩陶盆

鱼纹指的是绘制在陶盆内壁的、表现为口衔鱼的人面形象。迄今为止，我国境内发现的人面鱼纹彩陶盆不下十件，其中半坡遗址就发现有七件。这些彩陶盆虽都是以人面鱼纹为主题的，但表现方式却不尽相同。

　　彩陶盆口沿上多施黑色彩绘，或是箭头和斜线的组合，或呈间断的黑彩色块。陶盆内的人面纹都有着圆圆的脸，眼睛或用两条细线表示，仿佛双目紧闭；或用椭圆形描绘，像是双目圆睁。头戴三角形尖帽，头两侧有向上翘起的树枝状图案，像是装饰品，又像是发辫。人口中衔着两条抽象化的鱼，鱼的头部相对，隐没在人嘴中，鱼身向两侧延展（图2-17）。

图 2-17（a）　半坡遗址出土的人面鱼纹盆（上）

图 2-17（b）　人面鱼纹局部放大图（下）

图 2-18 姜寨遗址出土的人面鱼纹盆

值得一提的是，类似这样纹饰精美的彩陶盆，在半坡遗址中常和陶瓮、陶钵等器物一起，套合组成瓮棺葬的葬具。史前时期生产力水平不高，小孩的出生和成活率较低。孩子如果夭折了，尸体就会被放置在瓮棺中埋葬。这些儿童瓮棺通常不和族群中的成人埋葬在一起，而是埋葬在房屋的附近，可能表达了父母对孩子的思念和不舍，看来从古至今，父母爱子女的心情都是一样的。

人面鱼纹作为半坡文化最负盛名的一种彩陶纹饰，最早发现于半坡遗址的人面鱼纹盆上，此后在临潼姜寨（图2-18）、宝鸡北首岭等遗址中均有发现，共有十多种样式。人面鱼纹也是半坡文化中争议最大、讨论度最高的一种彩陶纹饰，迄今为止有关人面鱼纹内涵的解读有祖先崇拜说、巫术宗教说、生死轮回说、部落图腾说、原始历法说等不下 20 种说法。本就充满神秘感的纹饰在激烈的争论中更显得扑朔迷离。

几何纹也是半坡文化彩陶中一类常见的纹饰，主要有直线纹、波折纹、三角纹、网格纹等。陶工们从未停止过对彩绘纹饰的探索，不光在题材上不断创新，也不断尝试不同图形的搭配组合。

比如，同样是波折纹彩陶，姜寨遗址出土的这件尖底罐（图 2-19）是用黑彩直接绘出波折纹的，而北首岭遗址出土的这件彩陶罐（图 2-20）则是通过彩绘之间的留白形成的波折纹。有时，在同一件器物上，这两种波折纹可能同时存在，形成阴纹和阳纹之间"互文对仗"的艺术效果。

图 2-19　姜寨遗址出土的波折纹尖底罐

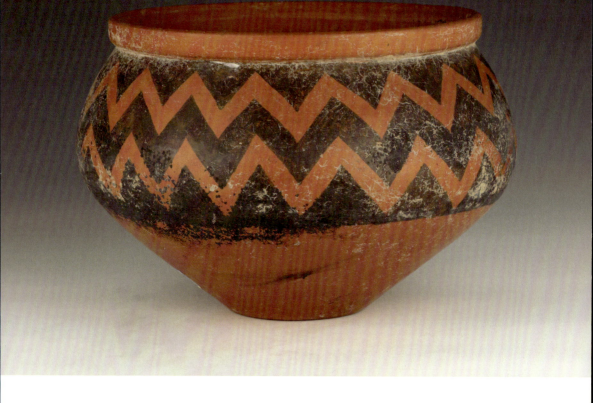

图 2-20　北首岭遗址出土的波折纹彩陶罐

　　符号类图案同样是半坡文化彩陶的一大特色，半坡文化彩陶的符号类纹饰按类别可以分为刻划符号和绘写符号。刻划符号可能是用石、骨、竹等质地的工具刻划而成。例如姜寨遗址出土的一件陶钵（图2-21），胎质细腻，表面磨光，口沿外壁饰一周宽带黑彩，黑彩上用尖利的工具刻划了一个符号，露出红色的陶胎。

　　这样的刻划符号仅在姜寨遗址就发现了 129 处，展览辅助展板上集中展示了一些常见的半坡文化刻划符号（图2-22）。这些符号主要刻划在陶钵和陶盆上，多数是在陶器烧制前刻划的，笔画均匀流畅；还有少数是在陶器烧成后刻划的，笔画粗细不一。

　　绘写符号则是以黑彩绘制而成的。如宝鸡北首岭遗址出土的一件长颈折腹壶的残件（图2-23），腹部绘有四个间距相等的"E"字形图案。该遗址出土的

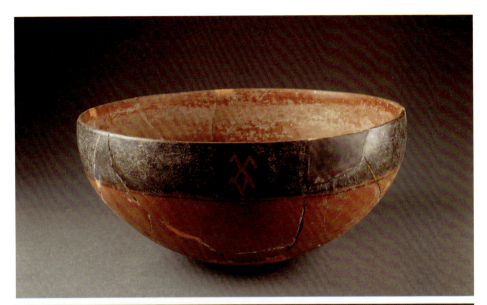

图 2-21（a）　姜寨遗址出土的刻符彩陶钵（上）

图 2-21（b）　符号放大图（下）

图 2-22　半坡文化刻划符号（上）
图 2-23　北首岭遗址出土的"E"字纹彩陶罐（下）

图 2-24　北首岭遗址出土的三角纹彩陶壶

一件红陶壶（图2-24）上，绘有一层菱形纹和两层大三角纹。菱形纹和大三角纹都是由小三角形组成的，最上面一层的菱形纹由小三角形按照"1—2—2—1"的布局排列组成，第二、三层的大三角纹由小三角形按照"1—2—3—4"的布局组成。这样的纹饰构图，表明当时人们可能已经对数和形之间的关系有了初步理解。

　　其实，在新石器时代的诸多文化中都能见到符号类纹饰，不仅分布范围广，而且延续时间长，符号种类也很多。根据目前所掌握的线索，这些刻划或绘写的符号普遍具有共性和规律性，应该不是无意识留下的痕迹，而是表达了某种含义。虽然我们尚不能解读它们的具体含义，但大部分学者都相信这些刻划或绘写符号对于探讨汉字的起源具有重要意义。

3. 繁花似锦

庙底沟文化距今 6000—5500 年，以河南陕县庙底沟遗址的发掘而得名。史前的庙底沟先民，大致就生活在以华山为中心的区域，包括陕西、河南、山西等地。

彩陶是庙底沟文化最具代表性的器物。除了继承半坡文化彩陶以红底黑彩为主的风格外，庙底沟文化彩陶还使用了红彩，并新出现了白衣彩陶。白衣彩陶绚丽的纹饰多绘制在盆、钵和罐等陶器表面偏上腹部的位置，少见内彩。绘纹饰式繁多且富于变化，有写实的鸟纹、眼目纹，有抽象的网格纹、西阴纹，还有大量出现的由圆点、弧线三角等构成的花瓣纹、花卉纹。

鸟纹是庙底沟文化最具代表性的纹饰题材之一，从图中（图 2-25）我们能看出庙底沟文化彩陶鸟纹包含具象写实和抽象简化两个系统。具象的鸟纹多见于陕西关中地区，以东部华州区、华阴地区发现较多；在西部扶风案板、陇县原子头等遗址中也有发现。其他地区多为抽象和简化的鸟纹。

如陕西渭南华县南沙遗址的一件彩陶钵（图 2-26）上，就描绘了一只具象的鸟。陶钵外表呈现红色，胎质细腻。钵外壁靠近口沿的地方用黑彩画了一只栩栩如生的鸟，鸟头部扁长，中间留白空出眼睛，嘴巴像一个尖钩，双翼向后张开，尾部上翘，双爪短小收于身下，整体呈翱翔姿态，动感十足。总而言之，具象的鸟一般头、身、尾、足俱全，还有的绘出嘴和眼，很好辨识。

在抽象简化的鸟纹中，象征艺术体现得淋漓尽致。有的用一个圆点代替鸟头，有的缺少明显的身躯或足，还有的仅用圆点加双弧线的图案来象征鸟体，要想辨识出它们不仅需要参观者细心观察，还得发挥一点想象力。比如一件泥质红陶钵（图 2-27），上腹部一周就以黑彩绘有四只简化鸟纹。鸟均为侧面形象，头部以圆点表示，尾部呈双叉形向左后方延展，仅保留下半部，不见翅膀，身与尾之间由纵向的网格纹相连接，构图较为独特。

图 2-25　庙底沟文化彩陶鸟纹集锦

　　另一件陶钵（图 2-28）上的鸟纹，辨认起来就没那么容易了。只见陶钵口沿以黑彩饰一周连续的垂弧纹，垂弧纹下仅用圆点连缀弧线象征鸟的形象。这样抽象的图形，如果不是专业的释读，我们恐怕很难将其与鸟联系起来。

　　形态各异的花瓣纹是庙底沟文化彩陶最具代表性的装饰题材，常以黑彩和留白在陶器表面形成两瓣、三瓣或多瓣的花瓣状图案。陕西高陵杨官寨遗址出土的这件花瓣纹彩陶罐（图 2-29），橘黄色陶罐的肩腹部，黑彩与黑彩间的留白构成了一个个椭圆形的花瓣。每五个花瓣组成一个多瓣花朵的图样，多瓣花朵间彼此又共用花瓣，形成一圈连续的多瓣花朵组合。

　　陕西省渭南泉护村遗址出土的这件花瓣纹彩陶器盖（图 2-30），表面用黑彩绘制两层三等分的纹饰，使留白形成内层三瓣、外层六瓣的花瓣纹。俯视下去，整个

图 2-26 南沙遗址出土的鸟纹彩陶钵（上）
图 2-27 泉护村遗址出土的简化鸟纹彩陶钵（下）

图 2-28　泉护村遗址出土的简化鸟纹彩陶钵（上）
图 2-29　杨官寨遗址出土的花瓣纹彩陶罐（下）

图 2-30（a）　泉护村遗址出土的花瓣纹彩陶器盖（上）

图 2-30（b）　花瓣纹彩陶器盖俯视效果（下）

器盖宛若一朵盛开的花朵。图案布局规整、构思巧妙，是目前发现的同期同类器物中最完整、最精美的一件。

　　除花瓣纹彩陶外，庙底沟文化还流行一类用圆点、圆盘、弧线三角等图案构成的花卉纹彩陶。这些花卉纹同样采用留白与绘彩结合的表现方式，以交错、连续的构图表现花冠、茎蔓和花叶。花卉纹彩陶的母题虽然单一，但构图却十分灵活，或简或繁、曲回勾连，呈现出变化多端、丰富多彩的花卉图案。

　　我国著名考古学家苏秉琦先生以阳纹和阴纹混观的方法，将庙底沟文化彩陶抽象的花卉纹归纳为"蔷薇科"和"菊科"两大类。

　　"蔷薇科"花卉以陕西省渭南市泉护村遗址出土的一件花卉纹彩陶盆（图2-31）为例，彩陶盆的陶色为红色，口沿涂黑，从口沿到上腹部用黑彩涂绘有纹饰。采用黑点作花心，一对弧线三角形围绕花心构成花朵，花朵的根部还连接着茎蔓，十分接近蔷薇花的样子。彩陶盆表面的纹饰就是用若干组这样的"蔷薇花"连续排列而形成的，就像把蔷薇花丛画在了陶器上。

　　泉护村遗址出土的这件曲腹红陶盆（图2-32）上，表现的是"菊科"花卉纹。陶盆上以黑色圆点作花心，使用弧线三角、间用双勾描绘出菊花的合瓣花冠，又用黑彩勾勒出植物的茎叶。这种表现方式与现代美术中描绘菊花的技法十分相似。

　　展览中有图片展示了"西阴纹"彩陶的分布范围。那么什么是"西阴纹"呢？

　　"西阴纹"是庙底沟文化彩陶中的一种代表性纹饰，表现为连续的角状图案，左端方且宽，右端弧收为翘起的尖角，通常以地纹的形式呈现。两角之间以黑彩圆点、斜线相连缀。20世纪20年代，我国著名考古学家李济先生主持山西夏县西阴村的发掘工作，特别提到当时发现的一种弯角状彩陶纹饰（其他地区未发现），并将其命名为"西阴纹"。这也是彩陶纹饰中唯一以地名命名的。

　　庙底沟人通过彩陶的形式，将象征艺术一步步提升到极致。以彩陶为代表的艺术思维方式，不仅影响了同时期和此后彩陶艺术发展的轨迹，至今还在左右着艺术家们的思维模式。庙底沟文化彩陶掀起了史前彩陶发展的第一股浪潮，这股

图 2-31 泉护村遗址出土的"蔷薇科"花卉纹彩陶盆（上）
图 2-32 泉护村遗址出土的"菊科"花卉纹彩陶盆（下）

浪潮一波波推进，将庙底沟文化的精神与理念传播到了更广阔的区域和更遥远的未来。

4.芳华未艾

　　距今5500—5000年的仰韶时代晚期，中原地区彩陶的发展走向衰落，不仅数量大幅减少，纹饰也趋于简化。在渭河流域仰韶先民向西拓展的影响下，甘青地区马家窑文化彩陶异军突起，成为继中原庙底沟文化之后彩陶发展的又一中心。

　　仰韶时代晚期的考古学文化分布于黄土高原地带。马家窑文化主要分布在甘肃中部的黄河、洮河流域，甘肃西北部的河西走廊地区，青海的湟水流域以及宁夏的南部地区。

　　仰韶时代晚期，渭河流域的陶器一改之前以红陶为主的风格，灰陶开始占据主要地位。随着红陶数量的骤减，彩陶也逐渐式微，不仅数量变少，而且纹饰趋于简单潦草，绘制技艺大不如前。

　　这是陕西省宝鸡市福临堡遗址出土的一件仰韶晚期的彩陶尖底瓶（图2-33）。瓶身的彩绘颇为简洁，构图十分简单，笔锋也变得相对潦草。生活在渭河流域的人们似乎已不再钟情于彩陶，寥寥几笔就完成了一幅作品。

　　马家窑文化是以甘肃临洮马家窑遗址而命名的一支考古学文化，年代距今5000—4000年。马家窑文化彩陶以黑、红彩为主，纹饰丰富，以旋涡纹、波浪纹、弧线三角纹居多，也有蛙纹、人物纹等象生图案，内彩发达，构图繁密、回旋多变，享有"新石器时代彩陶之冠"的美誉。

　　表现水流的纹饰在马家窑彩陶中数量庞大。生活在黄河岸边的马家窑人，或许是日日面对奔腾不息的黄河水，有感而发，所以将律动的水波、翻卷的浪花和急促的旋涡，都画在了陶器之上。青海民和核桃庄遗址出土的马家窑文化涡纹彩陶盆（图2-34），盆内外壁及口沿均以浓丽的黑彩绘制纹饰。盆内中央画着一圈一圈的同心

图 2-33　宝鸡市福临堡遗址出土的彩陶尖底瓶

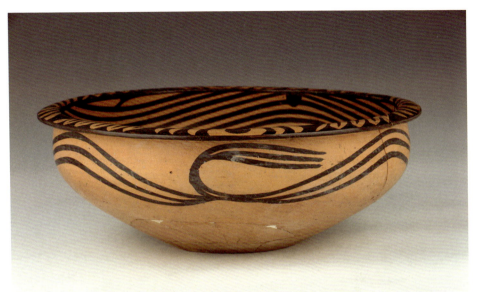

图 2-34（a）　核桃庄遗址出土的涡纹彩陶盆（上）
图 2-34（b）　俯视视角下的涡纹彩陶盆（下）

圆，很像是河流中心的旋涡；盆外壁绘制了一圈起伏的弧线，就像那流动的水波，水波中间还绘了一朵翻卷起的浪花，非常生动。

马家窑文化晚期，四大圆圈纹逐渐兴起。这种纹饰主要装饰于大型陶器的上腹部，其基本形式为一周四个圆圈，用黑彩或黑红复合彩绘制而成。比如这件出土于甘肃兰州白道沟坪遗址的四大圆圈纹彩陶壶（图2-35），壶上用黑、红两种颜料绘制着繁缛的纹饰，纹饰以器耳为界，器耳以上用红、黑二彩绘四大圆圈纹，圆圈内填绘网格纹，圆圈之间以弧线或直线相连接，器耳以下用黑彩绘一周垂弧纹。俯瞰下去，正好可以将壶身的四个圆圈尽收眼底，极富创意。

继马家窑文化之后，甘青地区的彩陶又经历了宗日文化、齐家文化、四坝文化、辛店文化、沙井文化、卡约文化等几个发展阶段。马家窑人似乎已将彩陶艺术推向了极致，此后，彩陶文化逐渐衰落，表现为彩陶数量的骤减和素面陶比例的扩大，原先繁复精美的通体纹饰，被局部出现的简化图案所代替，马家窑文化的慢轮制陶工艺也渐成历史遗风。甘青地区的彩陶伴随着马家窑文化的衰落而逐渐返璞归真。最终，在距今2600年左右，甘青地区的彩陶伴随着西去的驼铃声消失在戈壁大漠之中，中国彩陶文化也就此落下帷幕。

在"芳华未艾"的辅展图板（图2-36）上，展示了安特生与"彩陶西来说"的故事。安特生（Johan Gunnar Andersson）是瑞典地质学家、考古学家，也是较早从事中国新石器时代考古研究的学者之一。在1921年发掘河南渑池仰韶村时，安特生依据彩陶纹饰与特里波利遗址彩陶的相似性，推测中国彩陶并非本土起源，而是来自遥远的西方，在中国西北应当存在着一条彩陶自西向东的传播通道，这就是著名的"彩陶西来说"。

安特生掌握的核心证据是，甘青地区的彩陶比东边河南仰韶的彩陶更丰富、更发达。这一点看似正确，但还需要一个至关重要的前提条件才能支撑起他的观点——安特生必须证明甘青彩陶的年代早于河南仰韶。他将甘肃的彩陶分成了六个阶段，自以为找到了"仰韶期"的彩陶，并且还找到了比仰韶期更早的

图 2-35（a）　白道沟坪遗址出土的四大圆圈纹彩陶壶（上）

图 2-35（b）　俯视视角下的四大圆圈纹彩陶壶（下）

图 2-36　安特生与"彩陶西来说"（上）

图 2-37　库库特尼—特里波利文化彩陶与中国彩陶对比（下）

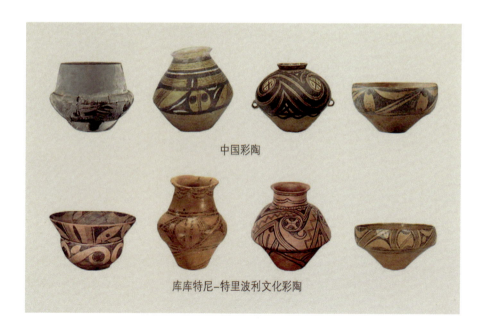

齐家期彩陶。事实上，安特生所说的仰韶期彩陶，主体属于马家窑文化，与黄河中游的仰韶文化是两码事。他在甘肃考古发掘中犯的一些错误，也导致了他对马家窑文化和齐家期文化的年代早晚认知出现偏差。总之，安特生主张的"彩陶西来说"漏洞较明显，由此引发的关于"中国文化西来说"的讨论也失去了其存在的根基。

随着考古新材料的不断丰富以及考古学研究的不断深入，中国彩陶本土起源及演化发展的脉络已日渐清晰，"中国文化西来说"早已站不住脚，但时代相同又相隔万里的仰韶文化、马家窑文化中国彩陶与库库特尼—特里波利文化彩陶所呈现出的客观相似性（图2-37），仍然是非常引人关注的问题，为探讨早期文化交流和文明起源问题提供了更广阔的视角。

经过几代考古人的努力，如今我们不仅推翻了安特生的"彩陶西来说"，还摸索出中国彩陶独立发展的清晰脉络，掌握了中华彩陶文化传播扩散的大致方向。现如今，彩陶之路被赋予了新的内涵——特指史前以彩陶为代表的早期中国文化和早期西方文化相互交流之路。通过展览中选用的"彩陶之路示意图"，我们可以发现新定义下的"彩陶之路"也包括顺此通道而来的西方文化的反向渗透。

从中国彩陶从何而来到中国彩陶如何传播，从安特生勾勒的"彩陶之路"到新定义下的"彩陶之路"，从迷茫到怀疑，从求证到笃定，历代考古人用求真务实的精神重现了中华彩陶艰难跋涉的壮阔图景，也用实际行动让世界看到了中华文明的深厚底蕴和无法撼动的重要地位。

三、第二单元：观念·社会

第二单元"观念·社会"由"人文初现"和"融合统一"两节组成。第一节"人文初现"以彩陶为连接点，将宏观与微观叙事结合，带领大家一同走进5000年前庙底沟时期的社会。第二节"融合统一"展示的是展览的核心故事内容，随着故事的铺陈展开，我们会感受到庙底沟花卉纹彩陶东到大海、西达甘青、南至长江、北抵阴山的强大辐射力，深刻理解早期中国"多元一体"文化格局的形成过程。

（一）人文初现

第一节"人文初现"部分，通过"农桑为本""聚落林立""都邑肇始""礼制萌发"四小节内容，立体剖析距今6000—5500年的庙底沟社会，洞悉庙底沟文化繁荣与扩张的内在动力，体悟庙底沟文化"稳定内敛、重贵轻富、井然有礼、朴实执中"的特质，感受以"礼"制为核心的人文观念的兴起。

1. 农桑为本

距今6000—5500年的庙底沟文化时期，既是中国彩陶发展的鼎盛阶段，也是中国史前社会的重要转折点。在这一时期不仅农业迎来了大发展，原始饲养、纺织和制陶业也有了明显的进步。生产力水平的提高带动了人口数量的增长，也为庙底沟文化的繁荣与扩张打下了坚实的基础。借由这张渭河流域庙底沟时

人口规模 / 人

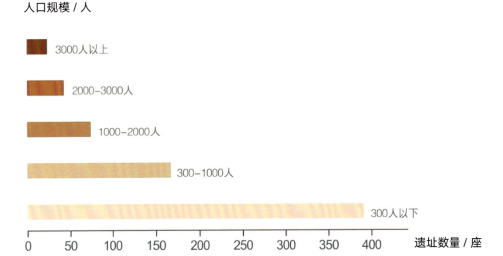

图 2-38　渭河流域庙底沟时期聚落人口规模等级

期聚落人口规模等级图（图 2-38），庙底沟时期聚落和人口的发展规模可见一斑。

　　渭河流域自然环境优越，是先民定居的理想之地。5000 年前的庙底沟文化时期，农业发展水平达到了新的高度。在渭河流域诸多庙底沟文化的遗址发现了粟（小米）、黍（黄米）的遗存，表明这两种作物在庙底沟文化农业体系中占有相当重要的地位。

　　水稻早在半坡文化时期已由长江流域传入，在庙底沟文化时期被更为广泛地种植。位于西安鄠邑区的甘河遗址是一处庙底沟文化的遗址，考古人员在遗址中发现了距今 5000 多年的稻米（图 2-39）。由于年代久远，原来洁白的稻米已经炭化发黑。

　　随着农业的发展，粮食开始有了结余。如何储粮成为人们亟须解决的问题。于是，瓮罐等大型陶容器应运而生。陕西高陵杨官寨遗址出土的这件陶瓮（图 2-40），造型口大底小，其较为夸张的斜腹，可能是出于防鼠的考虑。小底的设计则是为了减少与地面的接触，更利于防潮。这件腹部外鼓的陶罐（图 2-41），器表十分光滑，

1 mm

图 2-39 炭化稻米（上）

图 2-40 杨官寨遗址出土的灰陶瓮（下）

图 2-41　杨官寨遗址出土的鼓腹罐

在今天的关中农村，还可见到这种造型的罐子。而类似这样的大型陶容器在庙底沟文化中比比皆是，有的容积可达 0.4 立方米，能存放 100 多斤小米，可见当时粮食的富余程度。

老鼠是常见的啮齿类动物，也是和人类关系最为密切的动物之一。在庙底沟文化遗址中，发现有田鼠、中华鼢鼠、甘肃鼢鼠（图 2-42）等多种老鼠骨骼。陕西华县泉护村遗址出土的这件猫下颌骨（图 2-43），说明 5000 多年前的人类已经观察到猫善于捕鼠的天性，并且开始有意地驯化野猫以减少老鼠对食物带来的威胁。

狩猎采集一直是史前人类日常生活中至关重要的活动。虽然庙底沟时期农业已经有了长足的发展，但庙底沟居民始终没有放弃打猎、捕鱼和采集食物，石球就是

图 2-42　泉护村遗址出土的甘肃鼢鼠头骨（左上）

图 2-43　泉护村遗址出土的猫下颌骨（右上）

图 2-44　杨官寨遗址出土的石球（下）

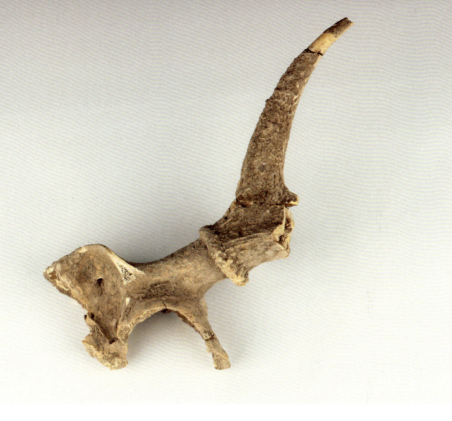

图 2-45　泉护村遗址出土的梅花鹿头骨

最常见的一种狩猎工具。易于制作和携带的石球在狩猎时往往被用来抛掷猎物,亦可以作为砸击工具或原始玩具使用(图 2-44)。

　　渭河流域气候适宜、水源充足、林木茂盛,吸引了梅花鹿(图 2-45)、马鹿、獐等野生动物来此繁衍,栖息地附近的这些动物成为庙底沟人重要的肉食来源。这一时期,人们开始固定地圈养一些动物来作为食物的补充,家畜饲养业随之产生。在许多遗址中已经发现了大量猪(图 2-46)、狗、鸡的动物遗骸,证实了庙底沟人已经具有了家禽家畜的驯化和饲养能力。

　　除农业、狩猎、采集外,这一时期纺织业也有了长足的发展。河南三门峡庙底沟遗址和陕西华县泉护村遗址的陶器表面都发现有布纹痕迹,陕西高陵杨官寨遗址就发现了不少庙底沟文化的陶纺轮(图 2-47)。陕西高陵杨官寨遗址出土的这组纺轮,形制、直径、重量均不同,很可能是为了不同的纺线效果而专门制作的,是远古庙底沟人聪明才智的体现。

图 2-46　泉护村遗址出土的家猪下颌骨（上）
图 2-47　一组出土于杨官寨遗址的陶纺轮（下）

图 2-48　双槐树遗址出土的牙雕蚕

　　距今 5300 年前后的河南巩义双槐树遗址，出土了一件用野猪獠牙制作而成的牙雕蚕（图 2-48）。这件牙雕蚕被雕刻成头尾翘起的样子，生动地表现出蚕在吐丝时的状态，是我国目前发现最早的写实主义风格的家蚕形象。虽然双槐树遗址的年代略晚于庙底沟文化，但它与庙底沟文化纺织业的发展是密切相关的，从中我们依然能感受到庙底沟先民的手工业发展情况。

2. 聚落林立

　　旱稻混合，兼营狩猎、采集、纺织和饲养家畜的生业模式为庙底沟先民提供了充足的粮食，也为人口大规模繁衍提供了物质保障。庙底沟文化时期，渭河流域及其周边地区出现了大量聚落，数量和规模都远超以往。展柜内的巨幅图板显示的正

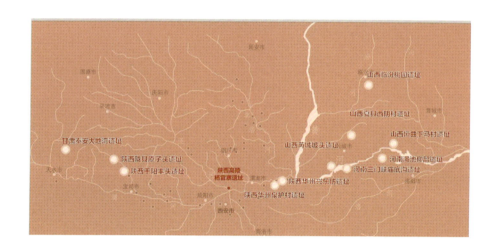

图 2-49　"聚落林立"的社会形态

是"聚落林立"的社会形态（图 2-49），这些小型、中型和大型的聚落星罗棋布，共同构成了繁荣而层次鲜明的庙底沟社会。柜内彩陶展品的摆放位置也按照出土地点与图板中的遗址一一对应，方便大家对照观看。

下面，我们对其中的几处典型遗址进行重点解读。

位于甘肃秦安的大地湾遗址，是一处延续了 3000 余年的大型史前聚落，遗址总面积约 275 万平方米，距今 8000 年左右，就有先民在这里生活。而到了庙底沟时期，先民们仍然定居于此，并聚集成一个大型的聚落。聚落内房屋面积大小不等，一般为 20 平方米，大者超过 60 平方米，小者仅有几平方米。

这件精美的花卉纹彩陶盆（图 2-50）就出土于大地湾遗址。彩陶盆口沿饰弧线三角、勾叶纹；腹部饰由弧线三角、勾叶、圆圈、圆点等图案构成的复合纹饰。图案线条流畅，构图层次丰富。

陕西省华阴市桃下镇兴乐坊村南部，华山北麓山前冲积扇地区有一处面积

图 2-50　大地湾遗址出土的花卉纹彩陶盆（上）
图 2-51　兴乐坊遗址出土的花瓣纹彩陶盆（下）

图 2-52　庙底沟遗址出土的花卉纹彩陶盆（上）
图 2-53　庙底沟遗址出土的网格纹彩陶钵（下）

约 27 万平方米的中小型聚落——兴乐坊遗址。该遗址中庙底沟文化的遗迹以灰坑为主，还发现了三座陶窑和两座墓葬。兴乐坊遗址出土彩陶以黑彩为主，也有少量红彩及白色陶衣，纹饰多以圆点、弧线三角构图。

兴乐坊遗址出土的这件花瓣纹彩陶盆（图 2-51），唇部及沿面外缘施一周黑彩，上腹部以黑彩绘圆点、弧线三角，使地纹形成六组左右对称、连续布局的花瓣纹，图案规整，对比鲜明，是一件庙底沟文化中期的彩陶佳作。

位于河南三门峡市的庙底沟遗址，总面积为 24 万平方米，属中小型聚落遗址。遗址由居住区、制陶作业区及具有防御功能的环壕组成，内涵丰富，文化特色鲜明，是仰韶文化繁荣时期的代表性遗址。该遗址出土了不少制作精良的彩陶，彩陶纹饰以植物花卉、几何纹、变体动物纹为主，如花卉纹彩陶盆（图 2-52）和网格纹彩陶钵（图 2-53）。

陕西省千阳县柿沟乡东南的丰头遗址，总面积约 10 万平方米，显然是一处小型聚落。遗址内庙底沟文化的遗迹主要为灰坑，未见房址。遗物包括生产工具、陶器及装饰品，彩陶以黑彩为主，如红底黑彩的彩陶盆。

丰头遗址出土的这件彩陶盆（图 2-54），唇缘涂黑彩，腹部一周以黑彩绘圆点、弧线三角等几何图案。在红陶地纹的映衬下，红、黑色彩形成对比，给人以强烈的视觉冲击感。

位于山西临汾尧都区的桃园遗址，面积约 4.6 万平方米，属小型聚落遗址。该遗址中庙底沟文化的遗迹以灰坑为主，还发现一座面积近 90 平方米的大型五边形半地穴房屋基址。出土彩陶数量众多，以黑彩为主，纹饰丰富，以抽象花卉纹最为多见（图 2-55）。纹饰精美、体量大的彩陶瓮与盆为同期其他遗址罕见。

图 2-54　丰头遗址出土的彩陶盆（上）

图 2-55　桃园遗址出土的花卉纹彩陶罐（下）

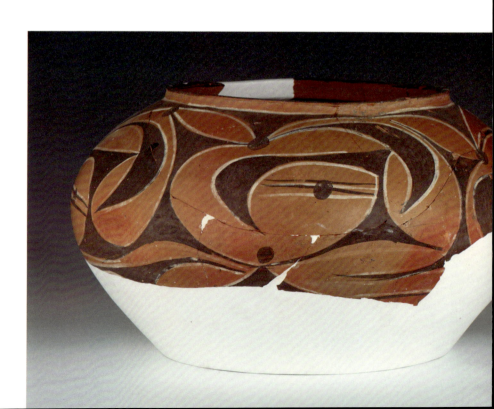

图 2-56　杨官寨遗址出土的一组石质工具

3. 都邑肇始

在距今 5000 年前，生活在关中地区的杨官寨先民，用简陋的工具营建了一座面积超 100 万平方米的大型聚落——杨官寨聚落。该聚落遗址是目前发现的陕西关中地区规模最大的庙底沟文化中心聚落。展览中播出的多媒体短片清晰地呈现了杨官寨聚落的基本情况，而杨官寨聚落复原沙盘模型则有助于我们宏观上了解该遗址的空间布局。

不同于一般的庙底沟文化聚落，杨官寨遗址具有完整的城壕、水利设施、大型公共墓地和祭祀区。我们可以发现，环壕的平面形状大致呈梯形，周长约 1945 米，壕沟环绕面积达 24.5 万平方米，沟宽 9 ～ 13 米，深 2 ～ 4 米。经测算，杨官寨中心聚落环壕的土方量约为 11 万立方米，可以填满 44 个标准游泳池，工程量十分浩大。展柜中展示了一组杨官寨遗址的石质工具（图 2-56），试想一下，在以石斧、石铲为工具的石器时代，需要耗费多少人力、时间才能完成如此巨大的工程？可见当时的聚落已具备了区域内人员组织调配的能力。

古人说，"一年而所居成聚，二年成邑，三年成都"。都邑是人类文明起源与形成的标志，庙底沟时期的杨官寨聚落在布局中蕴含了明显的规划意识。环壕南北平行、东西对称，出入聚落的大门设在西壕中部位置，聚落东壕外有排列整齐的大

图 2-57（a） 杨官寨遗址出土的花瓣纹彩陶壶（左）
图 2-57（b） 杨官寨遗址出土的彩陶盆（右）

型墓地。聚落中还出土石璧、石琮、玉钺及精美彩陶（图 2-57）等特殊器物。大型聚落的规划和营建，以及具有特殊意义的器物的发现，均暗示着其内部存在具有组织领导力的人物，杨官寨遗址很可能已具有都邑的性质。

图 2-58　陕西白水下河遗址 F1 号房屋建筑遗址复原模型

4. 礼制萌发

5000 年前的庙底沟文化时期，是中华礼制文明形成的重要阶段。在这个没有文字的时代，图像、器物、建筑及礼仪活动是展现观念的重要载体，其产生的独特体验，能让抽象的人文观念更有效地传播、渗透到社会成员中去，从而起到维护社会统治，增强社会成员之间认同感的作用。

庙底沟时期聚落遗址常见"五边形"的大房子，面积均在 200 平方米以上。这种大型建筑被普遍认为是举行宗教仪式、族人议事、礼仪宴享等大型公共活动的场所，它们在维系社会成员之间的关系上发挥着重要作用。

展厅中这处模型复原展示的就是陕西白水下河遗址的 F1 号房屋建筑遗址（图 2-58）。据推测，这座房屋的建筑面积可能已超过 360 平方米，室内面积达 304.5 平方米，堪称豪宅。房屋内出土物极少，设施简单，考古工作者还在 F1 的地面和柱洞中，发现了一些疑似朱砂的红色颜料痕迹。朱砂在仰韶社会是具有特殊使用价值的稀有物品，其使用权仅仅掌握在少数人手中。在这种大型建筑空间里使用朱砂既突出鲜艳的色彩效果，也强化了整个空间庄严而神圣的功能，同时还暗示着这座大房子的特殊性。

饮酒活动的开展促成了酒礼的兴起。5000 多年前的庙底沟时期，酒频繁出现在礼仪活动中，成为原始"古礼"的重要组成部分。这种小口尖底，两侧常见双耳的陶瓶被叫作小口尖底瓶（图 2-59）。关于它的功能，曾有汲水、背水、灌溉、祭祀、酿酒等多种说法。直到近年来，有研究者在部分尖底瓶内提取出具有发酵特征的淀粉粒残留物，才为尖底瓶酿酒的功能找到了直接的证据。

其实，尖底瓶与酒的联系在甲骨文中已显现端倪。观察展柜图板中尖底瓶与"酉"相关的文字演变图板信息（图 2-60），可以发现甲骨文中的"酒"字最早写作"酉"，而"酉"的字形非常接近尖底瓶的样子。金文中仍然有将"酒"写作"酉"的现象。著名考古学家苏秉琦先生曾将尖底瓶命名为"酉瓶"，他

图 2-59　杨官寨遗址出土的尖底瓶

甲骨文 金文

图 2-60 尖底瓶与 "酉" 相关文字演变

认为那些绘制着固定纹饰的尖底瓶是盛装祭祀礼仪用酒的祭器或礼器。

庙底沟文化时期，代表着原始宗教、灵魂观念及祖先崇拜观念的丧葬礼俗已经蔚然成风。具体表现在整齐规划的墓地、专门制作的葬具、对待尸体的方式以及相关仪式活动的举行等方面。隆重的葬礼既是对逝者的纪念，也是维系整个社会组织、显示社会阶层与地位的重要形式。

河南汝州洪山庙遗址发现的这件彩陶缸（图2-61）上绘制有大幅的彩绘图案。外侧偏上部先用白彩绘制一周宽彩带，白彩之上分出三等分，用深棕彩绘出三组图案，每组两个呈弧形的圆条状图案，上下相对布局。有人认为图案描绘的应是男根，而瓮棺中所葬的应为成年女性。这种丧葬形式具有借助死者的某种神秘力量使氏族人口繁衍旺盛的巫术含义。

无独有偶，位于河南灵宝的西坡墓地也发现有彩绘陶缸，但它却是作为随葬品被放置在墓内的。西坡墓地是一处庙底沟文化的墓地，这处墓地已经出现了社会的复杂化趋势，墓葬的等级分化也有所体现。如图中的 27 号墓（图 2-62）就是墓地内规模较大的一座墓葬，面积达 16.9 平方米。研究显示墓主人下葬时，曾举办过隆重的葬礼。为了将这场葬礼的地点、时间、细节、程序阐释得更加到位，展厅多媒体展项中特别播放了一段西坡墓地发掘领队李新伟老师讲座的音视频素材，以供大家研习之需。

灵宝西坡大墓修建时应是先留出深 1.3 米的生土二层台，在中部下挖出墓室和脚坑。下葬后上盖木板，木板上盖麻布，然后以青灰泥封填，这是经过特别规划与组织营建的高等级墓葬之一。该墓葬的随葬品集中放置于墓主人脚端的脚坑内，随葬器物都是专门为墓主人制作的明器，且随葬器物的数量已经有了一定的规制。

西坡遗址出土的这件彩绘大口缸（图 2-63）值得一提。随葬夹砂大口缸的做法在黄河中游并不多见，而多见于黄河下游及长江流域，说明当时社会上层成员之间或许存在用外来物品提高声望、标示身份等级的做法。

渭河流域举行祭天祈年仪式活动兴起于半坡文化时期，仪式以圜形中心广场为主要舞台，由氏族内部成员参与。至庙底沟文化时期，特别是在杨官寨大型中心聚落中，祭祀活动已经移向村外及西门附近，以便更多的社群组织参与。这种仪式以实现社群成员共同利益为目的，具有更强的号召力、感召力和凝聚力，仪式中使用的器物也具有沟通神灵的特殊功能，仪式的主持人员应是享有崇高社会地位的司礼者。

考古工作者在杨官寨遗址西门址附近的灰坑中，发现了成层分布的陶钵、陶鼓、陶罐、陶杯等器物，其中不乏彩陶。这些器物数量众多，器形完整，显然是因举行特别仪式而被埋入的，或许表明参加祭祀活动的人员不完全局限于聚落内部成员。在展览中，西门址附近出土器物的集中展示也是一个小亮点。

图 2-61　洪山庙遗址出土的彩陶缸

图 2-62　灵宝西坡 27 号墓随葬品位置（上）

图 2-63　西坡遗址出土的彩绘大口缸（下）

图 2-64 杨官寨遗址西门址出土红陶钵

钵是饮食器具，也是杨官寨中心聚落西门址灰坑中出土数量最多的一类器物，在成层分布的器物群中最多一层达 31 件（图 2-64）。这么多同类器物的同时发现，说明西门址很有可能是举行祭祀活动的场所。

在庙底沟文化时期，鼓不仅是一种乐器，还在宗教祭祀、礼仪活动中扮演了重要的角色。这些陶鼓（图 2-65）出土于杨官寨遗址西门址外的灰坑中，常以两端蒙兽皮作鼓面，用木制棒（鼓槌）敲击或用手拍打鼓面发声。与陶鼓相伴出土的遗物丰富而精美，很可能也都与举行祭祀活动有关。直到今天，在举行重要的仪式活动时，鼓依然是不可或缺的礼仪乐器。

璧、琮等器物在庙底沟人的祭天祈年活动中发挥着重要的作用。陕西高陵杨官寨遗址出土的这件石璧（图 2-66），呈大理石质地，器表平整，器周不规整，

图 2-65　杨官寨遗址西门址出土泥质灰陶鼓

中间圆孔由管钻加工而成，形制基本符合《尔雅·释器》中"肉倍好谓之璧"的定义。璧是中国古代最重要的礼器，用于祭天活动中。杨官寨遗址石璧的发现，说明渭河流域或是璧及其蕴含思想观念的重要起源地。

　　璧纹也成为一种神圣纹饰出现在彩陶的装饰图案中，比如这件杨官寨遗址出土的璧纹彩陶盘（图 2-67），乃泥质黄褐陶，敛口，宽弧沿，浅腹，平底。器物内壁有明显修整痕迹，施白色陶衣；外壁亦有刮修痕迹。器腹素面，器口沿面白衣上绘黑彩纹饰，为残存八组弧线三角与半圆组成的图案，地纹留白形成璧纹。俯视是观赏璧纹彩陶盘的理想角度，按照其纹饰的分布规律计算，完整器物应为十二组璧纹，这一数字与图案意义的关系值得深入探究。

　　带有人面形象的陶器在庙底沟文化中时常被发现，比如这件镂空人面覆盆形器

图 2-66 杨官寨遗址出土石璧（上）
图 2-67 杨官寨遗址出土璧纹彩陶盘（下）

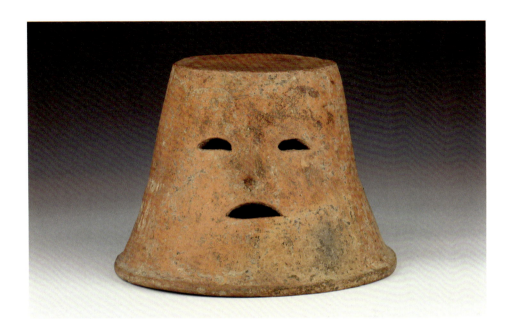

图 2-68　杨官寨遗址出土涂朱镂空人面覆盆形器

（图 2-68），整体造型就像一个倒扣的盆，表面施红陶衣。盆上用镂空表现人的双眼和嘴巴，口眼之间还堆塑一个细而挺直的鼻梁，非常传神。弯月状的镂空，使得人面的神情变得温顺而祥和，给人以沉静古朴之感。相似的器物在陕西洛川、山西吉县等地也有出土，一般认为这类器物可能是器座，并与置于其上的器物一起用于某种祭祀礼仪活动。

　　还有这件镂空人面陶豆（图 2-69），圈足两面均有三个圆形镂空孔组成的人面。经测量，人面眼睛孔径为 2 厘米，嘴巴孔径为 2.5 厘米，规范的形制、略带惊恐的表情，表明这件器物可能是专门为祭祀礼仪活动而制作的。

祭祀是先民祈求谷物丰收、繁衍生息的活动。陕西高陵杨官寨中心聚落西南角的环壕出土的这件陶祖（图2-70），可能是当时举行祭祀活动的器具。陶祖等性具模型的出现，或许与祖先崇拜有关，也可能表达了人们对谷物丰收、人口繁盛的期望。

曲腹盆（图2-71）是庙底沟文化的代表性陶器。彩绘图案主要集中在曲腹盆的上腹部，双手承托下腹时并不会遮挡纹饰，可见这类器物在设计时考虑到了独特的使用功能。这种形制规范的彩陶很可能不是普通的日用陶器，有可能已经成为当时祭祀活动中的礼器，在社会生活中发挥着重要的作用。

河南省三门峡市庙底沟遗址出土的这件彩陶（图2-72）上，成对出现的眼目纹正凝望着你我，似乎象征着某种超凡的权威神力。在这神秘肃穆的气氛里，不难想象它的使用者是享有崇高社会地位的司礼者。

5000年前，在陕晋豫交界地带兴起的彩陶，制作精良、形制规范、纹饰风格统一，映射着先民们的精神世界和文化观念，在某种程度上可以视为中国早期的礼器。那写实或抽象的鸟、盛开的花瓣、凝望的双目，无不折射出庙底沟先民丰富的精神世界。它如同旗帜一般醒目，将每一个社会成员都紧紧地联系在一起，并伴随着花卉纹图案跨越了重重地理屏障，将庙底沟文化的理念和制度传播到了更远的地方。

图 2-69　杨官寨遗址出土
镂空人面陶豆（上）

图 2-70　杨官寨遗址出土
陶祖（下）

图 2-71　庙底沟遗址出土绘制着花卉纹的曲腹盆（上）
图 2-72　庙底沟遗址出土的眼目纹彩陶钵（下）

（二）融合统一

第二节"融合统一"是本展览的核心，共包含"东到大海""西达甘青""南至长江""北抵阴山"四小节内容，以对应庙底沟文化最具代表性的花卉纹彩陶在中国境内传播的大致空间范围，继而显示出黄河中游地区庙底沟文化的巨大影响力和传播力，呈现距今 5000 年前在中华大地上形成的以关中为中心的重瓣花朵式文化格局，勾勒出文化意义上"早期中国"的雏形。

《史记·五帝本纪》中有这样一段记载，黄帝"东至于海，登丸山，及岱宗。西至于空桐，登鸡头。南至于江，登熊、湘。北逐荤粥，合符釜山，而邑于涿鹿之阿"。这段文字描述了黄帝四处征伐的管理区域。随着考古工作的不断开展，研究者们发现了一个非常有趣的现象：庙底沟文化彩陶的分布范围几乎与这个区域高度契合。在这里，我们不妨借用司马迁有关黄帝四至的说法一览庙底沟文化四散传播的生动图景。

1. 东到大海

河洛地区因地缘关系，是受庙底沟文化影响最大的地区，庙底沟文化的前沿已经抵达了豫东地区。到了庙底沟文化稍晚阶段，这里彩陶纹饰的许多特征已经基本上与庙底沟文化核心区没有多大区别了。

大河村遗址位于庙底沟文化由陕晋豫交汇处的核心区向东传播的前沿地带。大河村遗址出土的这件彩陶盆（图 2-73），内外涂满白色陶衣，口沿及外壁用黑、红两色绘制的花卉纹和西阴纹是庙底沟文化核心区彩陶常见的元素，施彩又使用了东部大汶口文化早期彩陶中的复彩工艺，反映了两种文化在这一地区的交流融合。

庙底沟文化彩陶向东的影响范围，不仅到了大海，而且还跨海抵达一些岛屿。山东泰安县（今泰安市）发现的大汶口文化，可能就是在庙底沟文化的影响下发展

图 2-73　大河村遗址出土的花卉纹彩陶盆

起来的。庙底沟文化彩陶流行的叶片纹、花瓣纹和旋纹题材，在大汶口文化中也可以见到，只是表现形式稍有区别。

　　这是大汶口遗址出土的一件花瓣纹彩陶壶（图 2-74）。彩陶壶精致小巧，纹饰秀丽。表面经磨光处理后涂施一层红色陶衣，壶身上腹部绘有一周五瓣花纹。黑彩的弧线三角纹形成花瓣的底色；三角纹之间的红衣形成花瓣，并以白彩勾边，使得花瓣醒目而突出；花瓣中间绘制深红色圆点，形成花心。这种非常写实的花瓣纹，是中原地区庙底沟文化最具特色的文化特征，在被黄河下游的大汶口文化借鉴吸收之后，施彩颜色更加艳丽多样，绘制步骤更为精细讲究，发展成为具有当地地方特色的彩绘纹饰。

　　花瓣纹彩陶鼓也是大汶口彩陶的杰出代表。大汶口遗址的这件彩陶鼓（图 2-75）采用了淮河流域特有的尊形陶鼓的形制，一头大一头小。原先蒙在陶鼓口

图 2-74　大汶口遗址出土的花瓣纹彩陶壶（上）
图 2-75　大汶口遗址出土的花瓣纹彩陶鼓（下）

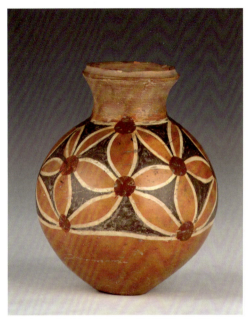

图 2-76　周家嘴头遗址出土的花卉纹彩陶盆（上）

图 2-77　山那树扎遗址出土的叶片纹彩陶盆（下）

部的皮革早已腐坏，只留下了空空的鼓面。鼓面下有一周向下弯曲的凸状装饰，可能是蒙皮革用的乳丁，陶鼓腹部有两两相对的圆形镂空，底部还有一个圆镂空。鼓身中部用白、深红和褐色三种色彩绘制了两层四瓣花纹，与庙底沟文化彩陶中常见的花瓣纹十分相似。

　　在庙底沟文化东进的同时，大汶口文化也在向西扩张，并对河洛地区产生了一定的影响。但总体上看，这个时期庙底沟文化的输出占了主流。

2. 西达甘青

　　《史记》中记载，黄帝"西至于空桐"。"空桐"，是一个地名（也写作"崆峒"），位于今甘肃平凉西北。在庙底沟文化核心区以西大约 500 千米的崆峒，也发现了非常典型的庙底沟文化遗存。

　　关中庙底沟文化彩陶在甘青地区传播过程中器形与纹饰基本上没有明显变化，如宁夏隆德周家嘴头遗址近年新发现的这件彩陶盆（图 2-76），不论从器形还是从纹饰来看都与庙底沟彩陶有着一脉相承的渊源。

　　这件彩陶盆属于典型的地纹彩陶，即以留白的方式呈现纹饰图案。旋纹和花瓣纹在这件陶盆上组成复杂的复合图案，构图大气疏朗，跌宕起伏，充分展示出彩陶纹饰的律动之美。无论是花卉纹题材还是阴阳纹相结合的表达方式，都是典型的庙底沟文化彩陶的风格。透过这件彩陶盆，可以看出庙底沟文化向西传布的踪迹。

　　庙底沟文化还向西南辐射至甘肃岷县一带。岷县山那树扎遗址出土了典型的庙底沟文化叶片纹彩陶，圆点、弧线三角纹，是庙底沟文化彩陶固定的构图元素。山那树扎遗址的彩陶盆（图 2-77）上，也用黑彩勾勒着这些元素，黑彩相隔使地纹形成多组叶片纹。两组叶片纹之间有圆盘纹相分隔，叶片上甚至能看出叶脉。叶片纹是庙底沟文化核心区彩陶的典型装饰纹饰，这件叶片纹彩陶盆无疑是庙底沟文化向西传播的物证。

图 2-78 城头山遗址出土的西阴纹彩陶钵（上）
图 2-79 八里岗遗址出土的花瓣纹彩陶罐（下）

　　甘青地区发现的这些陶器，不论从器形还是从纹饰上看，都与庙底沟文化核心区的陶器没有多大区别，是庙底沟文化向西传播的确凿证据。另外，更靠西南的宗日文化尽管与马家窑文化关系密切，但其中一些彩陶，如饰弧线三角纹的彩陶罐、饰变形鸟纹的瓮等均带有明显的庙底沟文化遗风。庙底沟文化强大的文化张力在西北地区得到了充分彰显。

3. 南至长江

　　与东向、西向传播的情形一样，庙底沟文化对南方产生的影响也非常明显。长江下游的崧泽文化，中游的大溪文化，汉水中游、豫南、鄂西北等地的彩陶文化，都与庙底沟文化建立过联系。

　　长江这个天堑并没有阻挡住庙底沟文化向南挺进的步伐，在湖南澧县城头山遗址出土的一件陶钵（图2-78）上，就饰有典型的庙底沟风格的西阴纹。这件彩陶钵的口沿和上腹部绘有六组连弧纹，使地纹形成西阴纹，具有鲜明的庙底沟文化风格。城头山遗址出土的这件彩陶钵虽然造型质朴，图案也已斑驳，却是庙底沟文化辐射影响到长江以南地区的重要证明。

　　庙底沟文化向南影响最大的是长江中游地区，汉江成为庙底沟文化向南传播的一条重要通道。沿江而下的河南淅川、湖北郧县、湖北枣阳一带分布有许多庙底沟文化的遗址，如淅川下王岗、郧县大寺、枣阳雕龙碑等遗址都发现了典型的庙底沟文化彩陶。

　　汉江上游的邓州八里岗遗址，彩陶风格深受庙底沟文化的影响。以花瓣纹为例，八里岗遗址的一件彩陶罐（图2-79）上，连续分布着五瓣或六瓣的花瓣纹。这种多瓣式花瓣纹多见于庙底沟文化核心区——豫西和晋南地区，八里岗遗址出土的这件彩陶罐表明了庙底沟文化对汉江上游强势的影响力。

　　雕龙碑遗址位于"鄂豫要冲"地带，深受南方长江文化和北方黄河文化的影响，

图 2-80　雕龙碑遗址出土的彩陶盆

又有自己独特的文化内涵。该遗址出土的这件彩陶盆（图 2-80），表面涂有红色陶衣并磨光，上腹部先涂一层白色陶衣，再在上面用红彩和黑彩绘制圆点、弧线、勾叶、弧线三角形等图案，纹饰和留白共同构成抽象的花卉纹。这件彩陶盆虽出土于湖北地区，但纹饰构图体现出黄河中游庙底沟文化的深刻影响。

4. 北抵阴山

　　庙底沟文化向北传播的路线主要是沿着汾河和南流黄河两岸的谷地向高原推进的。在沿着汾河北上的过程中，晋中地区的彩陶显示出很强的庙底沟文化特色。如采集于山西方山县的这一件彩陶盆（图 2-81），器形和纹饰都属于典型的庙底沟文化。陶器表面的黑彩由圆点、勾叶、弧线三角形等构成抽象花卉图案。

方山县位于黄河东岸吕梁山以西的晋中地区，多处庙底沟文化遗迹在晋中地区的发现，为我们勾勒出早期中原文化向北传播的轨迹。

庙底沟文化在抵达晋北地区的大同盆地时，势头已有所减弱，受本地因素和周围地区部分因素影响，形成了极富地方特色的庙底沟文化。庙底沟文化沿黄河两岸北上的过程中，在陕北地区也留下了些许证据，比如陕西延安洛川县秦家河遗址出土的一件彩陶盆（图 2-82）上，就清晰地描绘着庙底沟文化典型的眼目纹。而延安黄龙县石曲遗址出土的那件彩陶盆（图 2-83）上，用圆点、弧线和三角纹组合成的抽象图案，正是庙底沟文化最常见的花卉纹。

《史记·五帝本纪》记载，黄帝"北逐荤粥"。"荤粥"是匈奴等北方古代民族的别名，其腹地大致在今天内蒙古自治区的中南部。而庙底沟文化北向的辐射范围，已抵达了这一区域。

如内蒙古乌兰察布章毛勿素遗址出土的彩陶盆（图 2-84），陶色朱红，器表绘有黑彩，红与黑的色彩搭配鲜艳亮丽，对比鲜明。圆盘花卉组合的图案风格能在庙底沟文化彩陶中找到源头。这是目前发现的反映庙底沟文化彩陶影响范围最远的一件彩陶盆，体现出多元文化共存的现象。

庙底沟文化在由陕北、晋北向西与内蒙古连接的同时，还向东北扩展，经河北抵达辽西地区。1979 年到 1982 年在河北蔚县境内的考古发掘中，就出土了庙底沟文化的花卉纹彩陶。辽宁凌源田家沟遗址发现的彩陶带盖罐，虽与中原地区彩陶装饰风格明显不同，但从中也隐约显露出庙底沟文化彩陶的影子。

为了便于大家直观理解以关中为核心的华夏文明的影响力和文化整合的范围，增强观展的体验感，展区中央设置了大型多媒体互动展项（图 2-85），立体呈现重瓣花朵式的三重结构。借助这个宏大的场景，早期中国多重花瓣的文化格局不言自明。

东到大海，西达甘青，南至长江，北抵阴山，5000 多年前，庙底沟文化用独具特征的花卉纹彩陶勾勒出文化意义上"早期中国"的雏形。在这场史无前例的文

图 2-81　山西省方山县采集花卉纹彩陶盆（上）
图 2-82　秦家河遗址出土的眼目纹彩陶盆（下）

图 2-83　石曲遗址出土的花卉纹彩陶盆（上）

图 2-84　章毛勿素遗址出土的彩陶盆（下）

图 2-85　重瓣花朵式三重结构大型多媒体互动展项

化传播中，庙底沟文化的人文观念和精神信仰被不同区域的先民所接受。伴随着花卉纹彩陶的传播，庙底沟文化与周边文化在相互作用、相互影响下，不断碰撞、融合，以华夏文明为中心，共同构成了史前中国多元一体的格局，恰如重瓣花朵，肆意绽放在华夏大地。

四、第三单元：寻根·中国

第三单元"寻根·中国"由"鱼鸟相融""华夏之花""龙的传人"三节组成。分别通过对鱼、鸟、花、龙等彩陶图案的文化内涵与历史事实的深度解读，探寻中华文明的历史渊源与华夏民族的深厚根脉。"我们的文化从哪来""我们的根在哪里"　"为什么我们自称为'华人'和'龙的传人'"，这些问题的答案或许就书写在彩陶上。

（一）鱼鸟相融

第一节"鱼鸟相融"，以半坡文化和庙底沟文化最具代表性的鱼纹和鸟纹为叙述蓝本，借彩陶展品上鱼、鸟纹主题的变化反映当时不同文化、不同部族征战融合的历史进程。从最初竭力张扬"鱼强鸟弱"或"鸟强鱼弱"的鱼鸟之争，到后来的鱼鸟难分伯仲，再到最后鱼鸟相融，彩陶上呈现出的互动，勾勒出 6000 年前族群部落群起的局面。

半坡文化彩陶中，鱼纹可以说无处不在。半坡先民描绘了许多不同形态、不同种类的鱼，总体可以分为两大类：一类是写实的具象鱼纹；另一类是抽象的简化或变体鱼纹。

半坡文化写实的具象鱼纹，作为独立的主题纹饰，多装饰于盆、钵类陶器的外壁上部，形成彩绘纹饰与特定器形的固定搭配。例如，出土于半坡遗址的鱼纹彩陶盆（图 2-86），盆腹据残片可复原四条鱼纹。四鱼逆时针方向环绕盆腹，构成连续的图案，呈游弋追逐之态。鱼纹具象写实，圆目、张口、扬鳍、宽尾，形象生动。

这件变体鱼纹的彩陶盆（图 2-87）同样发现于半坡文化遗址。泥质红陶盆唇部涂黑彩，上腹以黑彩绘简化鱼纹两组，每组由两条相向对游的鱼构成。鱼纹整体抽象呈几何化，以三角形表示鱼头，保留圆形鱼眼，以菱形和直线表示鱼身、鱼尾。

半坡人反复描绘的鱼一定不是无意为之的创作，绘着各样鱼纹的彩陶也不是普通的日用器皿。鱼纹，成为半坡文化区别于其他考古学文化的突出特征之一，同时还标识了半坡人群以崇鱼为内涵的原始信仰。

图 2-86 半坡遗址彩陶盆上的具象鱼纹（上）
图 2-87 半坡遗址彩陶盆上的变体鱼纹（下）

　　半坡人热衷于在陶器上描绘鱼纹，庙底沟人却偏爱用鸟纹做装饰。鸟纹既是庙底沟文化彩陶最具代表性的文化因素，是区别于半坡文化彩陶的重要特征，也是以渭河流域为中心的庙底沟文化的标识。

　　庙底沟文化的鸟纹也可以分为具象的鸟和抽象的鸟。具象的鸟一般头、身、尾、足俱全，有的还绘出嘴和眼，易于辨识；而抽象简化的鸟有的用一个圆点代替鸟头，有的缺少明显的身躯或足，还有的简化为圆点加双弧线的形态。

　　庙底沟文化具象写实的典型鸟纹在关中地区东部发现最多，以华县泉护村遗址为代表。泉护村遗址出土的这件彩陶盆（图2-88）上，绘有写实的鸟形象。鸟侧立而站，头、身、足、翅、尾俱全，生动流畅。圆形鸟头中以微小的留白表现鸟眼。鸟喙尖锐，鸟爪后曲，尾羽高扬，呈振翅腾飞之势。

　　除鸟纹彩陶外，庙底沟先民的崇鸟文化还常以立体雕塑的形式呈现。如出土于陕西华县泉护村遗址的鸮面形陶器盖（图2-89），就是将器盖球面捏塑成鸮（又称猫头鹰）的形状。鸮眼眶内凹，眼球突出呈半球状，喙部笔直坚挺。用密布的戳印小凹窝表现出层层密布的羽毛，整体浮雕风格明显，形象逼真。

　　陕西华县泉护村遗址的701号墓，出土了一件制作考究的鹰形陶鼎。在展览中，我们特地使用全息投影技术，将鹰形陶鼎完整呈现在大家面前（图2-90）。陶工用精湛的手艺还原了一只驻足站立的雄鹰，粗壮的鹰足、尖锐的鹰嘴、圆睁的双目，将鹰刚健有力、雄壮严峻的形态展现得淋漓尽致，特别是对鸟喙和双目的临摹，更显生动传神。从701号墓墓葬形制和随葬品数量等级推测，墓主人可能拥有较高的身份地位，随葬的鹰形陶鼎再次彰显了"鸟"在庙底沟文化中的地位。

　　鱼鸟组合图像是庙底沟时期最为重要的彩陶主题之一。鱼纹和鸟纹相伴而生、关系密切，成对出现在同一个陶器上。最典型的当数《鹳鱼石斧图》彩陶缸，通过全息投影技术和展板上的纹饰线图，可以让大家真切地感受到以鱼为标识的半坡文化和以鸟为标识的庙底沟文化之间的碰撞与融合。

　　《鹳鱼石斧图》彩陶缸外壁用棕、白两色绘制，图的篇幅约占缸体表面一半。

图 2-88　泉护村遗址出土的鸟纹彩陶盆（上）

图 2-89　泉护村遗址出土的鸮面形陶器盖（下）

图 2-90　展览中全息投影技术的应用

画面左侧绘一只鹳鸟，昂首挺立，六趾抓地，双目圆睁；鹳鸟口衔一尾大鱼，鱼头在上，鱼尾朝下，一动不动，似乎已经放弃了挣扎；画面右侧绘一把制作考究的巨大石斧，装饰精美，斧柄上还绘有"×"形符号（图 2-91）。整体画面生动形象，色彩和谐，古朴优美，是我国原始绘画中少见的珍品。

著名考古学家严文明先生曾从"图腾说"角度给出另外一种解读，他认为鹳和鱼是两个不同部落联盟的图腾，"鹳"部落与"鱼"部落发生了战争，最终"鹳"部落取得了胜利，这样的结果被绘制在陶缸上作为纪念，石斧则是武力的象征。结合鱼纹主要流行于半坡文化、鸟纹主要流行于庙底沟文化的事实推测，《鹳鱼石斧图》可能正是半坡文化和庙底沟文化之间相互争斗的真

图 2-91　《鹳鱼石斧图》彩陶缸纹饰

图 2-92　北首岭遗址出土的鸟衔鱼纹彩陶壶

实写照。

　　其实，鱼鸟组合题材的彩陶早在半坡文化时期就已见端倪。半坡文化的北首岭遗址出土的这件彩陶壶（图 2-92），壶身上腹部绘制精美的《水鸟衔鱼图》。绘彩者用粗线条勾勒了一只头顶有翎、眼睛圆瞪、长颈短尾、羽毛舒展的水鸟形象，水鸟侧向立着，尖长有力的鸟喙正衔住一条大鱼尾部。大鱼挺起身子，奋力挣扎，身体用力弯成了弧形。整幅彩绘图上，鱼和鸟所占空间相当，鸟虽衔住了鱼尾，可奋力抵抗的鱼也不是没有挣脱的可能，总体而言鱼鸟实力相当、难分伯仲。

作为半坡文化和庙底沟文化最鲜明的标志，彩陶上多次出现的鱼鸟相争图案，很有可能是6000年前这两个族群间部落战争和人群冲突的真实写照。而到了半坡文化向庙底沟文化过渡的阶段，即仰韶文化早中期之交，"鱼强鸟弱"和"鸟强鱼弱"的僵持局面似乎已被打破，鱼鸟部族开始相互接纳，彩陶上关于鱼鸟组合的图像也在发生着变化。

这件彩陶瓶（图2-93）出土于陕西临潼姜寨遗址，因整体形似葫芦，所以也叫葫芦瓶。这种造型的陶瓶在仰韶文化早中期之交十分常见，我们不去深究它的造型，主要观察器表的纹饰。

姜寨遗址出土的这件彩陶瓶上，表现的主题内容是鱼鸟和平共处，平分秋色。画面左侧构成眼睛的上下两弧形应是两条鱼纹的简化表现。这种简化的鱼纹与右侧的鸟首、瓶耳下部的鱼眼共同呈现了当时文化交融的图景，而葫芦瓶则是其常用载体。这一时期弧线元素的运用，似乎暗示着庙底沟文化在晋陕豫交接处兴起后，势力向西扩张的态势。

无独有偶，姜寨遗址还出土了另一件表现鱼鸟相融主题的彩陶瓶（图2-94）。陶瓶通体遍布黑彩纹饰。纹饰分为两个层次：第一层次的纹饰占据瓶身前后两面主体部位，篇幅大，分三层构图。上层绘有三个瘦长三角形；中层绘有人面鸟纹，人面纹简化为方圆形眼眶和鼻部，双眼闭合，以侧视鸟首表示鸟的形象，鸟喙、鸟眼等特征鲜明，鸟喙与人面纹相接，鸟首之后还有带倒刺条状弧线；下层鸟纹与中层鸟纹呈中心对称，鸟喙向下。第二层次纹饰以陶瓶双耳为中心布局，处于瓶身两侧，篇幅比较小。一侧描绘独立的鱼纹一组，鱼纹呈侧面写实形象，鱼嘴大张，鱼头相对朝向器耳；另一侧绘由三角形组成的两组简化鱼纹。

总体来看，陶瓶上的鱼与鸟在画面中没有直接接触，相对独立地分布在器物的不同部位，这里鱼鸟共融之意不言自现。但值得注意的是，鱼纹退居器物侧面装饰，

图 2-93 姜寨遗址出土的鱼鸟纹彩陶瓶

图 2-94　姜寨遗址出土的鱼鸟纹彩陶瓶

处次要位置，主体画面也由"人面鱼纹"转变为"人面鸟纹"，这些现象可能都昭示着半坡文化"鱼"部族对于庙底沟文化"鸟"部族的接纳与融合。

《山海经·大荒西经》记载，"炎帝之孙，名曰灵恝，灵恝生互人，是能上下于天"，这段典故介绍了互人与炎帝的关系。《山海经·海内南经》又记载，"氐人国在建木西，其为人，人面而鱼身，无足"，这里的氐人国也叫互人国，氐人作为炎帝后裔，被塑造成人面鱼身的形象。

《山海经·大荒东经》记载，"东海之渚中，有神，人面鸟身，珥两黄蛇，践两黄蛇，名曰禺䝞。黄帝生禺䝞，禺䝞生禺京"，禺䝞作为黄帝的后人，被塑造成人面鸟身的形象，暗示着黄帝族属与鸟的密切关系。这与庙底沟文化彩陶多见鸟纹的情况是吻合的。

借助彩陶上的纹饰继续追根溯源，炎帝族属与鱼的联系和黄帝族属与鸟的联系似乎分别可以对应半坡文化尚鱼、庙底沟文化尚鸟的文化传统。传说时代的炎帝和黄帝都是古氏族部落首领，关于他们的故事不胜枚举。我们无意于将"鱼"和"鸟"的含义无限放大，但这种涉及人群认知与精神领域文化认同的巧合，却是无法否认的客观现象，令人深思。

半坡人崇鱼，庙底沟人崇鸟。彩陶上的游鱼和飞鸟纹饰，或是相争相斗，或是和谐共融，始终保持着密切的联系。有一种观点认为，庙底沟文化中的鸟纹可能是中国传统"凤鸟崇拜"的祖源，而半坡鱼纹可能与龙有渊源。鱼和鸟，在历经不同部族不断的交流与融合后，成为根植于民族记忆中的文化基因。在历经后世不断的演绎与完善后，演化为成熟的龙凤复合体，且经常以成对的形式出现，并被后世人赋予吉祥美好的寓意，成为中国传统文化独有的"龙凤崇拜"的源头之一。

（二）华夏之花

　　第二节"华夏之花"承转第一节，将"鱼鸟融合"的故事进一步演绎，通过鱼纹、鸟纹演变为"花"纹饰的纹饰发展演变序列，结合庙底沟文化的分布中心华山附近、庙底沟彩陶最具代表性的"花"纹饰母题与传说中华族的发生及其活动史迹相符的线索，得出庙底沟文化或许就是华族核心人群的文化遗存、花卉纹彩陶可能就是华族得名的由来。

　　继半坡文化的鱼纹彩陶和庙底沟文化的鸟纹彩陶之后，渭河流域的花卉纹彩陶逐渐兴盛，一举成为庙底沟文化彩陶最富代表性的特征。相似风格的花卉纹彩陶在晋中、河北、内蒙古中南部地区也有发现，彩陶在文化交流、社群互动、社会整合的过程中发挥着重要的媒介作用。

　　随着考古材料的不断积累，学者们逐步建立起彩陶纹饰发展演变的序列，也就是辅展图板中所展示的鱼纹演变推测图和鸟纹演变推测图（图2-95）。半坡文化的鱼纹从写实到抽象再到简化，最终演变为写实的四瓣花；而庙底沟文化的鸟纹，则从具象到抽象，再演变为以弧线三角形为主要构图元素的抽象花卉。曾经在彩陶上或争抢对立，或和平共存的鱼和鸟，通过"花"这个主题达成了共识。

　　在庙底沟文化彩陶的花卉纹中，我们依稀可以寻找到鱼的眼睛、鱼的尾巴、鸟的尖喙和羽翼的痕迹。剪刀形的尾部是鱼最富标志性的特征。从具象的鱼纹到简化鱼纹，庙底沟人尽量保留着分叉的鱼尾，有的还用夸张的手法将鱼尾绘得更长、分叉绘得更大。鱼鳍被简化为直角三角形，鱼眼被简化成一个圆点或是直接省略。将两条鱼头相对的简化鱼纹组合在一起，就有了四瓣花瓣纹的雏形。

　　庙底沟文化的变体鸟纹，以弧线三角形、弧线展现出鸟儿自由翱翔的灵活姿态。小巧的鸟头被圆点所代替，而那短小的鸟足则被简化为竖线或彻底消失不见。这件出土于泉护村遗址的花卉纹彩陶盆（图2-96），盆腹上用黑彩绘制圆点、弧线勾叶、弧线三角形等图案，用留白的方式展现出两组复合型花卉图案。其中一组由圆点、

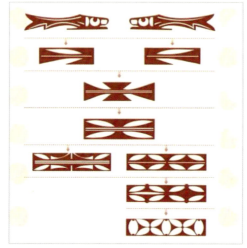

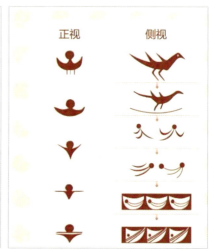

图 2-95（a） 鱼纹演变推测
（图片采自张鹏川《中国彩陶图谱》）

图 2-95（b） 鸟纹演变推测
（图片采自张鹏川《中国彩陶图谱》）

弧线、弧线三角形自上而下组合出的花卉图案，恰似正视效果下的飞鸟。

这件人物造型的花卉纹彩陶瓶（图 2-97）是本次展览的一件重点展品。瓶口塑造为一个梳着齐耳短发、圆脸、高鼻、阔耳的人头形象。人物的眼睛、鼻孔、嘴和耳洞处都用镂空表示，非常形象生动。鼻子、耳朵是捏塑而成的，立体感强。瓶身绘制三层连续的花卉纹，象征人物的衣服。陶瓶集圆雕、刻划、捏塑、镂空、彩绘等多种装饰手法于一体，是大地湾遗址彩陶中的精品之作。奇特的造型暗示了这件应当不是日常生活中的实用器，可能用于某种特殊仪式当中，反映出先民们的自我意识和原始信仰。

如果说，鱼是炎帝部落的图腾，而鸟是黄帝部落的图腾的话，那么花卉纹

图 2-96 泉护村遗址出土的花卉纹彩陶盆

彩陶的兴起，分明是炎、黄两个部落集团实现融合的标志。

炎黄集团整合之后，在华山脚下的渭河流域不断深耕、壮大，并且迅速将势力向更大的范围扩展。而作为礼制观念载体的彩陶，也随着这种扩张而向东西南北四方传播。如今，我们在东到辽宁广鹿岛、西至青海安达其哈、南至浙江海盐、北至内蒙古章毛勿素的广大区域内，都发现了庙底沟文化风格的彩陶。而这一区域空间，竟然与太史公司马迁撰写的《史记》中，黄帝为天子之后，"东至于海，登丸山，及岱宗。西至于空桐，登鸡头。南至于江，登熊、湘。北逐荤粥，合符釜山，而邑于涿鹿之阿"的足迹惊人地相似。

图 2-97　大地湾遗址出土的花卉纹人头形器口彩陶瓶

在偌大的区域内，不同文化对庙底沟文化"花纹"的接受，就是对其文化和信仰的认同；庙底沟文化彩陶传播的轨迹，就是各部族文化支流汇合为华夏文化汪洋的历史痕迹。伴随着花卉纹彩陶的大范围传播，华夏历史上首次文化大融合的局面就此形成。

我们自称"中华儿女""华夏民族"，即便是移居海外、远离故乡，也是以"华人"自居。可以说，"华"是深植于我们灵魂深处的精神认同和文化归属。那么，"华"的概念缘何而来呢？

其实，"华夏"是一个历史概念，它既表示古代部族的名称，是族名，也用来表示华夏族所居住的区域。先秦时期，关于华夏的记载主要见于《左传》等典籍，有时单用"华"字，有时也称"夏"。《尚书》中将"华夏"连用，作为中原地区西部即渭河流域部族的代称，和"蛮貊"即西方部族相对。

从历史的维度来看，华夏集团的形成时期是"三皇五帝"时期，即我们所说的上古时期或传说时期。通过司马迁在《史记·五帝本纪》中的追述，我们了解到那是一个部落林立的时代，黄帝部落和炎帝部落是渭河流域实力较强的两大部落。这两大部落经阪泉之战后形成炎黄联盟，又在涿鹿这一地区与蚩尤部落征战，兼并了东夷集团，此后又与周边的其他大大小小的部落展开互动，从而形成了华夏部落联盟。此时华夏族源基本固定，经过夏商周三代的融合，华夏族便正式形成了。

有关这一时期的文字记载是后人的追忆，或多或少有想象的成分。而考古学获取的实物资料则可与文字史料相互印证，为我们勾勒出更接近真实的历史面貌。考古资料证明，传说中"炎黄"互动、"华夏"建立的时代，恰恰是庙底沟文化兴盛、扩张的时期。华夏族的主体是以鱼为图腾的半坡文化和以鸟为图腾的庙底沟文化，这两种具象纹饰最终抽象为庙底沟文化的花图腾，在整合周边各文化之后，实现了文化上的融合与统一。可以说，如今"中华民族"的根源，可以追溯到距今5000年前以华山为中心分布的华夏部族，彩陶便是"中华"形成过程的生动见证。

"鱼""鸟"融合绽放成的"花"，是庙底沟文化彩陶最具代表性的纹饰。而华山位于庙底沟文化分布范围的中心，与传说中华族的起源及其活动范围相符，这可能意味着分布在华山周围的庙底沟文化就是形成华族核心人群的文化遗存。"华山"的名称在《山海经》《尚书》等先秦典籍中就有记载。而古时候"花""华"可以通用，引申为美丽而有光彩，"华"字的金文正像是一枝绽放的玫瑰。或许我们可以大胆推测，庙底沟文化彩陶的花卉纹（图 2-98），可能就是华族得名的由来。

考古学界的泰斗苏秉琦先生对此早有卓越见地，他亲切地称庙底沟文化彩陶上的花卉纹为"华山玫瑰"，他认为今日所言之华人，实为"花"人。这儿的"花"放在史前文化中来看就是庙底沟文化的花卉纹。那么，"华"既然由"花"而来，那么地处庙底沟文化中心位置的华山自然就是花山了。这样在以华山为中心的庙底沟文化分布区域内的花瓣纹以及创造庙底沟文化的"花"人群就形成了一个整体。"花纹—华山—华人"，这就是华人最早的由来，这些隐藏在文化和遗迹之后的人就是依托华山、绘制花纹、缔造辉煌的庙底沟文化的最初华人。

从花到华，从华胥到华夏，再从华夏到中华，自然而然地形成了一脉相承的中华民族文化。"中华"之内涵，早已超出了某个族群的界限，成为囊括了56 个民族的伟大集合体。我们引以为傲的文明史，延续 5000 余年，不曾中断；我们引以为豪的民族史，上溯 5000 余年，不是神话。

自有人类活动以来，不同族群的交流与融合就未曾中断。距今 5000 年前，萌发于华山脚下的一朵重瓣花朵，以强大的扩张力和影响力，绽放在东到大海、西达甘青、南至长江、北及阴山的广阔区域中；一场波澜壮阔的文化整合，形成了华夏文化最初的记忆，奠定了华夏民族一脉相承、绵延不断的坚韧基石。从征战到接纳、从分散到融合，绚丽的彩陶幕布下上演着最古老的中华故事。

图 2-98（a）　泉护村遗址出土的花卉纹彩陶盆（上）
图 2-98（b）　桃园遗址出土的花卉纹彩陶瓮（下）

（三）龙的传人

第三节"龙的传人"，通过中国史前遗存中龙形象的文物展品，追溯中华龙的母体和原型。结合庙底沟文化早期龙图像的创造原理，解读龙作为中华民族的象征和精神图腾的重要原因，希望大家在感受"龙的传人"血脉相连的牵绊中，增进对中华文化的认同感和归属感。

中华民族是充满想象力的民族。我们创造出神秘的龙形象，将龙视为本民族的图腾象征，称自己为"龙的传人""龙的子孙"。在绵延数千年的中华文明中，龙被赋予了神秘、智慧、祥瑞、权力等诸多含义，成为联结华夏儿女的精神纽带。

传说，龙是一种神异的生物。《尔雅翼》中记载的龙："角似鹿，头似驼，眼似鬼，项似蛇，腹似蜃，鳞似鱼，爪似鹰，掌似虎，耳似牛。"这样集多种动物灵性与特长于一身的形象，就是古人眼中的龙。

其实，龙的形象早在遥远的史前时期就产生了。那些绚丽多姿的彩陶上，就有"中华龙"的身影。陕西高陵杨官寨遗址出土的这件彩陶钵（图2-99），其上用黑彩绘出两组动物纹，每组都由一个大型四肢动物和一个大圆点构成。动物的轮廓十分清晰，整体呈横向"S"状，尖吻张口，双耳后贴，躬身曲背，三爪张开，尖长尾上翘，呈重心后倾、蓄势待发之势。两只动物略有区别，一只尾部上翘得更明显，彩绘者似乎还刻意区分了雌雄。

这两组动物有着如鳄鱼一般的长吻；耳朵似鹿耳一般贴于脑后；四肢向后弯曲，有像鸟一般的尖爪；尾巴细长上翘，好似蛇一般；屈身弓背，又好像虎豹一般蓄势待发。这种将多个动物特征组合在一起的做法和龙的造型理念不谋而合。两组动物口部正前各绘一个大圆点，形似火球，又像蛋卵。《庄子》中载有"夫千金之珠，必在九重之渊，而骊龙颔下"；《通雅》中也有"龙珠在颔"的说法。据此，或许可以认为陶钵上纹饰表达的是"一雌一雄，双龙戏珠"的情景。

杨官寨遗址的另一件彩陶盆（图2-100）上，也发现了类似的动物纹饰。陶

图 2-99　杨官寨遗址出土的龙纹彩陶钵

盆从上腹部至口沿均有一层红色陶衣，口沿面等分绘有三组三角纹，外壁上腹用黑彩绘制了两个动物图案，表现为圆头尖嘴、身躯瘦长、尾巴拖曳、四肢伸展、三爪张开的形象。

　　如果对照龙纹彩陶钵上的纹饰，我们不难想到这件彩陶盆上的纹饰应该也是龙，只是采用了俯视视角来呈现。庙底沟文化将不同动物的特征杂糅为一体而创造龙的做法，不仅是对半坡"龙"形象的改进和升华，也为后代龙形象的确立奠定了基础。

　　除依附在陶器之上的彩绘龙外，在距今 6000—5000 年前生活在燕山以北、大凌河和西辽河上游的红山文化先民的手里，龙被塑造成独立的个体——玉龙。

　　这是辽宁凌源牛河梁积石冢墓出土的一件红山文化玉龙（图 2-101）。玉料呈黄绿色，局部泛黄，雕刻细致，圆润光滑。这件玉雕龙同样兼具了几种动物的特征，形象为猪首蛇身（一说熊首蛇身），体态厚重扁圆，身体蜷曲成椭圆形，所以称为

图 2-100 杨官寨遗址出土的龙纹彩陶盆（上）
图 2-101 牛河梁积石冢墓中的红山玉龙（下）

"蜷体玉龙"。首尾间留有空隙，形似"玦"，故又称"玉玦形龙"。龙头部较大，前额微凸，两圆弧形立耳外撇，以阴线雕出面部圆目、口及吻部褶皱，线条极浅，是高度概括化的猪首形象，考古学界由此也将这样的玉龙称为"玉猪龙"。

玉龙的龙头为什么会取自猪呢？这与红山先民对猪的特殊信仰有关。猪是原始先民最早驯化的一批家畜，不仅能为人们提供重要的食物补充，还常在祭祀活动或丧葬活动中充当祭品，成为沟通天、地、人、神、祖先的桥梁。中国史前时期，无论是黄河流域还是长江流域都发现有不少随葬猪下颌骨的墓葬。作为随葬品的猪，可能是供奉墓主人的吃食，也可能象征着财富以彰显墓主人的富有。考古工作者曾在红山文化牛河梁遗址的"女神庙"中发现了一处猪神塑像，证实了红山先民对猪的特殊信仰。因此，包含食物、财富与神圣多重象征意义的猪，成为红山玉龙的创造来源之一。

玉龙颈部对穿有一圆孔，出土时被发现放置在墓主人胸前。而佩戴着玉龙的墓主人，极有可能是部落首领兼巫师，行使着沟通天地、沟通人神的职能。蜷体玉龙作为红山文化最典型的玉器，代表着史前时期龙形象的另一种风格，与庙底沟文化的走龙形象共同构成多元的中国龙文化传统。

除猪首玉龙外，红山文化还发现有鹿首玉龙、鸟首玉龙等各式兽首玉龙。兽首蛇躯、周身蜷曲的玉龙成为红山文化的象征，凝结着红山先民独特的崇龙礼俗，从西辽河一带南向扩展，深深地影响着黄河、淮河流域的文明进程，最终缔结为中华文化中不可或缺、源远流长的龙文化，绵延至今。

巍巍华山脚下，滔滔渭水河畔，孕育了一群极富创造力的人。他们在陶器上用彩作画，以纯真而大胆的笔触，描绘着对世界最初的印象。那欢快的鱼、翱翔的鸟、绽放的花，还有那不知名的符号，将中国早期文明的曙光一再拉远。数千年辗转，繁华梦落后，我们依然能从那蒙尘的彩陶上解读出曾经的辉煌与记忆，也能从那不灭的微光中感受到血脉相连的牵绊。

五、尾　声

　　彩陶·中华展的最后设置了集中展示专家观点的"百家争鸣"互动展示区。基于多媒体视频的展示模式，展览将关于彩陶研究的前沿学术观点进行了较为系统的梳理，既有对本展主题的补充，也有不同观点的讨论，希望借助展览学术观点与其他学术观点的有机融合，拓宽观展者的视野，普及彩陶文化知识，引发大家进一步思考"最早的中国"从何而来。结语部分，高度凝练且充满艺术性的文字不仅生动展现中华文明多元一体格局的形成过程，同时回答了展览核心阐述的华夏民族根脉问题，也将"以陶承礼，与华相宜；炎黄子孙，生生不息"的思想感悟传递给观众，实现了展览与参观者之间关于思想、文化、情感的互动交流。图板部分，大幅展品出土分布图将本次展出的文物根据出土文物还原到地图上，由此对展览进行整体性的回顾，以期大家在历史与今天的碰撞中感受彩陶·中华展的宏大主题。

彩陶中華

Painted Pottery of China:
Merging and Integration
5000 Years Ago

策 展

从考古成果到展览叙事

一、从"历史"到"故事"——展览内容设计

（一）深挖展览主题

考古发现的史前遗物十分丰富，为什么选择彩陶来讲述中国史前文化融合？彩陶又是如何体现这一过程的？这或许是普通公众在看到"彩陶·中华——中国五千年前的融合与统一"这个展览标题时最先发出的疑问。事实上，这两个问题非常重要，也恰好是我们明确展览主题的关键所在。

基于对前述两个问题的考量，内容创作团队从"彩陶有限定＋时间有聚焦＋空间有变化"三方面来考虑展览主题立意。

第一，彩陶有限定。彩陶是一种烧前彩，其色彩稳固，不易脱落，作为史前人类普遍使用的陶器而广泛存在，在距今8000—4000年前后中国新石器时代的诸多考古学文化中都可以见到，是史前时期存续时间较长的一类器物。自1921年渑池仰韶村遗址出土的彩陶片第一次向世人展露她的面容以来，彩陶的文化内涵、历史价值、艺术成就不断地被考古学者们揭示出来，经过百年的探索与研究，特别是中华文明探源工程近年来取得的重大成果，都在昭示着彩陶作为探索中华文明起源的重要物证之一，与中国早期文明的形成有着密不可分的联系。考古发现表明，中国史前彩陶在不同时期、不同地域的分布和发展具有不平衡性，总体而言，有两个发展高峰期，先后出现在黄河中游中原地区距今7000—5000年的仰韶时代和黄河上游甘青地区距今5300—4050年的马家窑文化时期。这两个时期的彩陶无论是精美程度还是艺术高度，都可谓登峰造极，罕有出其右者，相关学术研究成果也十分丰硕。从分布地域和文化影响力来看，仰韶时代彩陶尤其是仰韶时代中期的庙底沟文化花卉纹彩陶能更好地体现史前

中国社会复杂化的进程，在 5000 年前早期中国文明形成过程中扮演着重要角色。据此，我们将展览主角确定为距今 6000—5500 年的庙底沟文化彩陶。

第二，时间有聚焦。如果单从展览标题来看，我们划定的时间范围是 5000 年前，这个看似模糊的年代下限，实则囊括了展览三个单元相对独立的三条时间线索。我们首先聚焦的时间段为距今 8000—5000 年，将重点放在展示彩陶的"生命史"上，通过距今 8000—7000 年的萌芽期、距今 7000—6000 年的发展期、距今 6000—5500 年的繁荣期、距今 5500—5000 年的衰落期四个阶段完整呈现渭河流域彩陶发展的谱系脉络。接下来，我们将时间锁定在距今 6000—5500 年的彩陶发展繁荣期，解剖考察孕育庙底沟文化彩陶的社会面貌与思想观念。最后，我们又将视线转回到距今 7000—5500 年的仰韶时代早期的半坡文化和中期的庙底沟文化，锁定彩陶上鱼、鸟、花三种代表性图案，呈现其背后代表的不同族群的相互关系，探索庙底沟文化彩陶"华夏之花"的来源与形成。尽管三条时间线具体的起讫点有所差异，但均在距今 6000—5500 年庙底沟文化时期这一阶段重合，我们设置的展览时间暗线逐渐清晰起来，即以庙底沟文化彩陶为核心，纵向延伸了彩陶发展的历史轴线，横向增加了彩陶内涵的历史厚度。

第三，空间有变化。我们根据三条时间线索的不同，划定出渭河流域、高陵杨官寨遗址、庙底沟文化分布范围及其影响区这三个空间，遵循"线—点—面"的空间叙述顺序，从不同层面解读彩陶的独特魅力和深厚底蕴。视角最先从渭河流域切入，这里不仅孕育了中原地区最早的彩陶——老官台文化彩陶，它是世人所熟知的半坡文化彩陶的故乡，更为重要的是，庙底沟文化彩陶在这里发展至顶峰，作为彩陶西渐甘青地区的起点，深刻影响着马家窑文化彩陶的形成与发展。而后，我们又将视线锁定在渭河流域的庙底沟文化都邑性聚落——杨官寨遗址，试图呈现聚落发展的繁荣景象以及彩陶在聚落当中的独特存在。接着，切换空间，将视野扩大，最终落脚到社会这个"面"上，呈现彩陶从以杨官寨遗址为中心的中原地区，不断向周边广大地区影响、渗透的过程，勾勒出彩陶语境下早期中国文化融合与统一的壮丽图景。

　　我们将前述的三个方面综合起来看，就得到了以渭河流域为中心的庙底沟文化彩陶的形成和发展、传播和影响这一核心主题。事实上，这一主题也是近年来考古学界关注的热点问题之一。距今6000—5500年的庙底沟文化时期是中国史前社会发展的关键时期，这一时期社会出现分化，被考古学者称作"早期中国文明的第一缕曙光"。彩陶作为庙底沟文化最具代表性的器物之一，体现了文化的趋同和观念的整合，无疑是讲述史前社会复杂化的合适之选。紧紧把握住学术热点，有丰硕的考古学发现与研究成果背书，有成熟的学术理论作为支撑，最为重要的是，还有夺人眼球的精美文物，如此，以彩陶讲述早期中国的展览内容策划才能"落地生花"。

（二）优化展览标题

　　俗话说，"看书先看皮，看报先看题"，一个好的展览标题不仅要恰当地诠释展览核心立意，还应当给人以美的体验，有直抵人心的力量。然而要同时满足前面这些要求，对内容设计团队来说可谓是"万事开头难"。回顾展览标题的形成过程，也真实地反映了团队对于展览主题理解的不断深化和准确把握。

　　庙底沟文化彩陶最突出的特征就是以圆点和弧线三角组成的回旋勾连的抽象图案，著名考古学家苏秉琦先生将其认定为"花卉纹"，尽管不同学者有不同的解读，但其似花的造型特征还是受到了学界的普遍认可。由此，根据展览主题，我们提炼出核心意象"花—华"两个层次：第一层次是代表庙底沟文化彩陶典型花卉纹饰的"花"；第二层次是能够指代中国且与"花"同音异调的"华"。有了这两个定位，我们以"主标题+副标题"的形式，先拟定了"与华相宜——

彩陶文化与早期中国"这一题目。从形式上看，采用时下展览标题较为常见的格式，前面主标题"与华相宜"给出展览宏大的意向，后面副标题"彩陶文化与早期中国"明确限定彩陶与早期中国的主题。从语义上讲，"与华相宜"是西汉瓦当上的四字吉语，寓意像壁立万仞的华山一样，能够经过时间的洗礼，世世代代长久地存续，这里的"华"正好与庙底沟文化重要遗址、出土丰富彩陶遗存的华县泉护村相暗合，从史前考古遗址到汉代文物再到今天的自然文化景观，勾连出彩陶与中华文明由古及今的历史厚重感。

　　伴随着一次又一次的专家论证会，一稿接一稿的大纲调整，内容策划团队逐渐意识到"与华相宜——彩陶文化与早期中国"这个标题似乎变得越来越不合适，尤其是主标题表现的意向较为模糊、隐晦，缺少令人眼前一亮的效果，总有隔靴搔痒之感。所以，我们需要围绕展览核心立意，重新构思展览标题。幸运的是，展览项目组聘请的学术顾问北京大学考古文博学院徐天进教授和复旦大学高蒙河教授，发挥了至关重要的作用，给予了展览建设性的指导与帮助。

　　转折点出现在一次小型讨论会上。高蒙河教授认为，陕历博作为一座国家级博物馆，要贯彻弘扬中华优秀传统文化的使命担当，在输出以展览为主的博物馆文化产品时，要把习近平总书记关于文物工作重要论述和指示批示精神作为依据和导向，只有深入研读，才能从中汲取创作灵感。正是在这样的提点下，经过数小时的思想碰撞，最终我们将标题调整为"彩陶·中华——中国五千年前的融合与统一"。可以说，主标题"彩陶·中华"切题精准，阐明展览焦点为彩陶与中华文明，副标题"中国五千年前的融合与统一"进一步解释说明，以彩陶视角讲述早期中国社会复杂化进程，主标题与副标题前后呼应、相得益彰，不仅保留了"花—华"的核心意向，还在结构上以定义与说明的方式，使标题更加醒目、易于理解，能够激发观众的好奇心，想要走进展厅看一看，彩陶究竟是如何讲述中国5000年前社会融合与统一的故事的。

（三）探索叙事方式

叙事可以被不同媒体塑造，以不同的方式呈现，博物馆展览就是其中一种方式。从世界范围来看，叙事学的概念与理论直到 20 世纪 90 年代后期，才被逐步引入博物馆展览之中，而中国博物馆真正将叙事学运用到展览策划中，也不过是进入 21 世纪以来的事，直到今天，发展也不过 20 余年。一直以来，博物馆理论界和实务界都在积极探索，如何让历史类展览更具吸引力，让遥不可及的历史能够变得"可以阅读"，让陈列在博物馆中的古代文物焕发新的活力，这些也正是对新时代博物馆策展工作提出的具体要求。

通过定义，我们可以清楚地了解到，历史类展览是包含大量文化类题材发展脉络的一种展示类别，一般通过文物以及辅助展品系统展示一个国家、一个地方、一个事件或一个领域的历史发展过程和发展规律。比照这个标准，彩陶·中华展要讲述的是，史前时期庙底沟文化彩陶发展脉络及彩陶在"早期中国"形成中的重要作用这个故事，而要讲好这个故事也绝非易事。

作为展览叙事的创作者，我们选取了无聚焦的全知视角来展示主题展品，希望能够在不同的展项中选择最合适的叙事方式全方位阐释展品信息。结合人们的认知习惯，我们在展览总体架构上，建构了一个多层嵌套的叙事结构，通过构筑一条彩陶"是什么、为什么、怎么样"的叙事线索，将"艺术·源流""观念·社会""寻根·中国"三个单元串联起来，使其形成"器物—社会—文化"这样的内在逻辑关联，通过抽丝剥茧的形式，以由表及里、由浅入深的方式揭示出彩陶重要的历史价值和深邃的文化内涵（表3-1）。

表 3-1 彩陶·中华展框架结构

单元	一级标题	二级标题	三级标题
前言			
第一单元	艺术·源流	泥火幻彩	制作工艺
			艺术法则
		探源溯流	晨曦初现
			人鱼之悦
			繁花似锦
			芳华未艾
第二单元	观念·社会	人文初现	农桑为本
			聚落林立
			都邑肇始
			礼制萌发
		融合统一	东到大海
			西达甘青
			南至长江
			北抵阴山
第三单元	寻根·中国	鱼鸟相融	
		华夏之花	
		龙的传人	
结语			

　　第一单元"艺术·源流"由"泥火幻彩"和"探源溯流"两节组成。其中
"泥火幻彩"讲述彩陶的定义、彩陶如何制作以及彩陶纹饰的构图法则三个问
题。在这一部分，采用信息前置的方法，通过展示彩陶纹饰不同视角的观看效
果，教给观众欣赏彩陶纹饰的方法，引导他们迅速进入展览情境，既而激发出
继续观展的兴趣。"探源溯流"按照时间顺序，依次呈现老官台文化、半坡文化、
庙底沟文化、仰韶时代晚期四个阶段的彩陶，勾勒出彩陶从出现、发展、繁荣
到衰落的谱系脉络。"泥火幻彩"与"探源溯流"两小节之间的逻辑关系是并
列的，二者分别着重解构了彩陶的艺术价值和彩陶完整的生命发展史，以艺术
的视角建立起观者对展览的第一印象，并且能够满足观众对美的享受和获得彩
陶背景知识的诉求，能够帮助观众较好地理解后续观展内容。

　　第二单元"观念·社会"设置"人文初现"和"融合统一"两节内容。这
一部分是对展览核心立意的重点展示，以彩陶为主角串联叙事线索，时间线与
第一单元局部重叠。"人文初现"四部分内容前后相因、相互关联，是一条描
绘庙底沟文化时期社会面貌、剖析庙底沟文化时期社会发展一般规律的故事线。
设计思路是从庙底沟文化时期较为发达且多样的生业经济切入，展示庙底沟文
化核心区聚落数量的增多和中心聚落规模的扩大，聚焦到其中高等级聚落的代
表——杨官寨遗址，展示其内部以彩陶为主要媒介所呈现出的社会复杂化特征，
再提炼和凸显彩陶作为"礼"的物质载体的表征。

　　接下来，在"融合统一"一节，讲述以庙底沟文化最具代表性的器物——
花卉纹彩陶的传播，展示不同地区人群对庙底沟文化观念的吸纳与认同，以此
呈现史前中国第一次文化大整合的壮丽图景。这一节叙事视角依旧锁定在庙底
沟文化时期的社会，在前一节"人文初现"的基础上，从庙底沟文化核心区域
向外扩展，根据扩展区域考古学文化属性的差异，将庙底沟文化花卉纹彩陶的
传播路径划分为东到大海、西达甘青、南至长江、北抵阴山四个传播方向，以
这四部分内容呈现庙底沟文化强大的渗透力和影响力，着重向观众展示庙底沟

文化花卉纹彩陶的传播过程，而这也正是早期中国多元一体（重瓣花朵式）文化格局形成的关键时期。

第三单元"寻根·中国"包括"鱼鸟相融""华夏之花""龙的传人"三节，这一部分叙事形式转变为追溯与回顾，时间线与前两个单元有局部重合，单元内部各小节的时间线亦有重叠，这样安排，我们是想以暗线的形式聚焦庙底沟文化彩陶的形成所反映的文化融合以及彩陶凝结的民族记忆。在这一单元中，我们首先建立了"鱼纹—半坡文化—炎帝""鸟纹—庙底沟文化—黄帝"这两组对应关系，接着在"鱼鸟相融"一节解读能够反映鱼、鸟关系的彩陶纹饰，以此来描述半坡文化（炎帝）与庙底沟文化（黄帝）既争斗冲突又融合继承的关系。"华夏之花"一节，通过著名考古学家苏秉琦先生有关华人的论断以及《史记·五帝本纪》中记载的黄帝四至的范围，勾连庙底沟文化花卉纹彩陶与华山、华族可能存在的联系。"龙的传人"一节，呈现庙底沟文化彩陶上一类特殊的纹饰——"龙纹"，表达彩陶作为重要的物质载体，参与并见证了民族象征和图腾的形成，并且还蕴含着如此深厚的文化基因。

三个单元各有侧重，分别以一条河（渭河流域）、一个遗址（高陵杨官寨遗址）、一个文化观念（"华夏之花"彩陶）为重点，通过"大主题，小专题"的形式，搭建出在逻辑上有递进关系，彼此又相对独立的展览叙事结构，使彩陶得以回归到不同尺度的历史情境中，让展览的展品主角彩陶，从不同维度、不同视角、不同层面去讲述关于"早期中国"的故事。

运用叙事学的理论构思历史类展览，是增强展览故事性、提升展览可阅读性的一种常用手法，这种方法具有积极的借鉴意义。然而展览策划并没有固定的范式和模板，也不必拘泥于以叙事性的强弱来衡量展览质量的高低。像"早期中国"这样史前专题的系列展览，能够获得各界积极评价的关键，在于策展人员对于学术成果的理解和转化是否充分。一方面，史前时期年代过于遥远，又没有相应的文献记载，如果没有相关专业背景或者考古学理论的积累，就很难准确把握展览的科学性。另一方面，缺乏史料也可以成为展览叙事的优势，能为策展人提供更大的创作空间。而要将这种优势最大化，我们认为可以通过借鉴认知考古学、过程考古学方法来提升故事思维，因为无论是历史类展览策展还是史前考古研究，二者在探索从考古材料到人类行为方面的目标是一致的。

（四）建构故事片段

在确定展览的框架结构之后，我们需要将成组的展品放入展览这个意义之网中，通过多样化的展品组合来诠释展览不同板块的主题，通过展品组合的情节化设置，来驱动展览叙事不断向前发展。

每一件展品包含有多方面属性，就如同演员一般，可以根据情节设置安排在不同的场景中，扮演不同的角色。由数个文物构成的展品组合，其目的是共同阐释目标主题，而阐释的侧重点既可以表现共性的特点，也可以描述差异化的特征。在彩陶·中华展的三个单元中，我们将245件（组）文物划分成57组展品，展品数量最多的一组近30件，数量最少的一组展品只有1件文物，可视为展览最小的主题单位。

第一单元"艺术·源流"，我们安排了16组文物。其中，第一节"泥火幻彩"的第一部分内容"制作工艺"板块，通过使用红彩、黑彩、白色陶衣装饰的彩陶钵1件和颜料研磨器具1组，来展示史前工匠高超的制陶工艺；第二部分内容"艺术法则"通过7件风格各异的彩陶，展示彩陶的不同构图方式，以此来反映史前先民较为成熟的艺术设计理念。第二节"探源溯流"的第一部分内容"晨曦初现"，根据器物底部特征的差异，选取了附加三足的彩陶钵和平底或圜底的彩陶钵2组展品，旨在展示不同形态的老官台文化彩陶；第二部分内容"人鱼之悦"分为人面鱼纹、鱼纹、几何纹、符号类纹饰 4 组展品，展示半坡文化彩陶的特征；第三部分内容"繁花似锦"将庙底沟文化彩陶分为鸟纹、花瓣纹、蔷薇科抽象花卉纹、菊科抽象花卉纹、西阴纹 5 组展品展示彩陶之美；第四部分"芳华未艾"分为仰韶时代晚期彩陶和马家窑文化彩陶 2 组展品，表现渭河流域彩陶发展走向衰落，以及彩陶发展中心向西转移并孕育马家窑文化彩陶使其发展壮大的过程。

第二单元"观念·社会"一共设置 36 组文物。第一节"人文初现"的第一部分内容"农桑为本"，选取粟、黍、稻米 3 种炭化农作物遗存，储粮陶器，与纺织相关的牙雕蚕，与狩猎、饲养相关的动物遗存和工具各 1 组，旨在全面展现庙底沟文化时期稳定的生业经济基础能够为社会的复杂化发展提供物质保障；第二部分内容"聚落林立"，以遗址为单位进行展品分组，选取了庙底沟文化核心区的甘肃秦安大地湾、陕西陇县原子头、千阳丰头、华县泉护村、华县兴乐坊、山西临汾桃园、垣曲下马、夏县西阴村、河南陕县庙底沟等 9 个遗址的 9 组彩陶，展示庙底沟文化时期聚落数量增多、规模扩大，聚落间出现层级分化现象；第三部分"都邑肇始"，通过生产工具、墓葬以及灰坑出土的特殊纹饰彩陶 3 组展品，呈现陕西高陵杨官寨遗址作为大型中心聚落体现出的规划意识，具体剖析其社会复杂化的关键特征；第四部分"礼制萌发"，首先选取了表现宴饮之礼的陶器和丧葬彩陶用器，接着，展示高陵杨官寨遗址西门址出土的特殊纹饰的彩陶、成组的标准化陶器、人面形陶器以及璧、琮、陶祖等特殊用器 4 组，揭示敬天礼地的思想观念，最后，选取形制相似、纹饰风格统一的钵、盆、罐等规范化制作的三大类彩陶，说明彩陶绝不是普通的生活用具，而是具有多重礼仪性质的重器，它还是统一化思想的器用表达，并且参与了史前社会运转秩序的构建。第二节"融合统一"的展品布局，是以《史记·五帝本纪》所载的黄帝"东至于海，登丸山，及岱宗。西至于空桐，登鸡头。南至于江，登熊、湘。北逐荤粥，合符釜山，而邑于涿鹿之阿"四至的范围为蓝本设置的，从东、西、南、北四个方向分为四大组，展示庙底沟文化彩陶从核心分布区向外传播的过程，其中"东到大海"板块选取了大河村文化和大汶口文化的彩陶，"西达甘青"板块选取了宁夏、甘肃、青海的彩陶，"南至长江"板块选取了河南邓州八里岗、湖北枣阳雕龙碑遗址和大溪文化、崧泽文化的彩陶，"北抵阴山"板块选取了晋陕高原和红山文化、大司空文化、白泥窑文化的彩陶，展现出彩陶在如此大范围内显示出的统一性，表明庙底沟文化与周边文化的碰撞与融合，逐渐在中华大地上形成了以中原文明为中心的重瓣花朵式文化格局。

第三单元"寻根·中国"布局5组展品。第一节"鱼鸟相融"分别展示代表半坡文化的鱼纹彩陶、代表庙底沟文化的鸟纹彩陶和鸟形象陶器、能够反映半坡文化和庙底沟文化关系的鱼鸟形象共存一器的彩陶，着重展现以彩陶为媒介体现的半坡文化与庙底沟文化征战融合的历史过程；第二节"华夏之花"展示庙底沟文化核心区的花卉纹彩陶1组，旨在说明"鱼""鸟"共融后绽放成的花卉纹彩陶可能就是华族得名的由来；第三节"龙的传人"选取高陵杨官寨遗址的龙纹彩陶以及红山文化的玉玦形龙，展示作为中华民族图腾的龙的形象，也经历过彩陶这一载体的塑造，让今天的我们能够与遥远的史前彩陶产生情感上的共鸣和文化上的认同。

彩陶·中华展重点呈现的是史前文化的融合与统一，从展品特征上来看，我们选取的是纹饰风格一致、器形相似的彩陶，这无疑会增加展览叙事的难度。而要破解这个难题，我们认为要合理安排文物的群组关系，以分类思想为指导，挖掘并放大彩陶与板块主题契合的特性，不断调整展品组合，避免无意义的重复堆砌，使每一件展品都能成为表现目标主题的"最佳主角"。然而，要呈现全景式的宏大叙事，达到"透物见人、透物见社会"的展示效果，仅有相似度高的彩陶是远远不够的，我们的解决办法是将与展览主题相关的非彩陶文物纳入展品体系，使其在完善展览叙事内容、调节展览叙事节奏、丰富展品多样性等方面发挥积极作用。

　　叙事性较强的展项集中在第三单元"寻根·中国"。我们将彩陶展品与《山海经》《史记》所描述的关键性历史事件、传说人物勾连在一起，使展览内容的故事性有所提升。有考古研究表明，半坡文化和庙底沟文化可能分别属于炎帝和黄帝族系的遗存，它们共同构成华夏集团文化。崇鱼的半坡文化和崇鸟的庙底沟文化先民，不仅将他们的精神信仰绘制在彩陶上，还将两个部族之间的互动也记录了下来。在彩陶上，我们看到由"鱼强鸟弱"到"鸟强鱼弱"再到"鱼鸟共融"的转变，以及"鱼鸟共融"后产生的庙底沟文化花卉纹。这朵"华夏之花"向外传播的路径与《史记》所记载的黄帝四至路线高度吻合，一段有关华夏民族形成的故事以可视化的形式生动地呈现出来。我们也认识到，半坡文化代表炎帝族群、庙底沟文化代表黄帝族群也只是诸多学术观点中的一种，但这并不妨碍我们讲述展品背后的历史故事，因为一切学术观点都要为展览所用，为塑造展览主题而服务。传说史料往往也包含着历史的真实，对于史前专题展览策划而言，如何把握展品与文献史料、神话传说在诠释目标主题时的比重，仍是我们需要深入思考的问题。

　　由于彩陶·中华展叙事架构的是复合型时间线索，叙事时空会根据不同单元、不同节的主题发生变化，这种多次的时空转变会使展览在叙事维度上更加立体多面，但若处理不当，则会削弱展览的逻辑性，也容易给观众造成混乱感。因此，我们对时空转换的表现方式做了具象化处理，而满足要求最适合的载体便是地图了。我们在展览不同层级、不同展品组团对应处，设置不同形式的地图来标识时空，为观众提供指向性明确的时空定位坐标，我们将之归纳为"以图叙事"。具体来讲，在序厅展墙上装置渭水流域地形图，将展览涉及的庙底沟文化核心地区放在醒目位置（图3-1）；前言之后，展示亚欧大陆早期彩陶分布示意图，反映中国早期彩陶在世界范围内出现时间的早晚；设计"1+4"地图组团，以渭河流域彩陶发展历程图为总领，其后设置老官台文化、半坡文化、庙底沟文化、仰韶晚期文化与马家窑文化分布范围示意图4幅，准确定位渭河流域彩陶发展脉络的时空界限；"观念·社会"单元

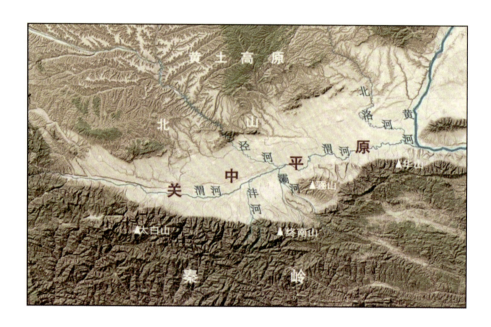

图 3-1　渭河流域地形

开篇，以地面灯箱呈现庙底沟时期的文化格局与核心区遗址分布图，交代本单元时空框架；"聚落林立""融合统一"柜内背板以相应地图为底纹，标示柜内彩陶出土位置；尾厅展墙上设置展品来源分布示意图，与之前的黄帝史迹图形成对照，作为余音，以全知视角回顾整个展览。

二、穿越到史前——展览形式设计

（一）时空的转场

　　展厅作为展览叙事最重要的话语空间，包含展厅空间与展品所占据的空间。彩陶·中华展的展陈空间位于陕历博的第五展厅，该展厅为正方形的"回"字形结构，可用面积为1200平方米。在展览空间设计上，我们利用"回"字形建筑空间，构建"一轴（文物中心轴）两线（内容线与互动辅展线）"的传播体系，形成三重信息带，具体指：在文物中心轴上，用多角度的展示面全面体现彩陶的器形和纹饰，以人体工程学柜体为单位的文物组团构建内容传播逻辑，反映文化脉络关系；内容展墙和互动辅展墙分列文物轴线两侧，全面诠释文物背后信息，使"发现"与"链接"成为观展的目标和乐趣。这种设计以"一轴两线"方式串联起文物信息带、内容信息带以及互动科普带，将史前历史场景还原到有限的室内空间，以有形的展场空间触达无形的历史时空。根据展览内容，我们将展场划分为序厅、"艺术·源流"、"观念·社会"、"寻根·中国"四个空间，设计单向的参观动线，起始点与结束点为同一空间（图3-2）。

　　序厅入口处，以两侧布艺帷幔分割出纵向长廊，营造类似于时空隧道的空间，引导观众走进神秘的远古时空、踏上探寻中华文明溯源之路的旅程。以帷幔为幕布，投影"鱼、鸟、花"向主展览方向行进的视频动画，彩陶典型纹饰穿梭绽放，帷幔间悬挂数根粗麻绳，其下模拟自然的石子滩地面，通过光影流动与艺术装置营造史前时期古朴、神秘的环境氛围。长廊尽头展墙中心的醒目位置设置展览主展标，展标以陕西华县泉护村遗址出土的彩陶器盖为原型设计。器盖上绘制俯视形态的重瓣花朵纹饰，与彩陶·中华展着重阐释的彩陶视角下的中华文明多元一体的重瓣花朵

平面规划
FLOOR PLANNING
—

内容分布图

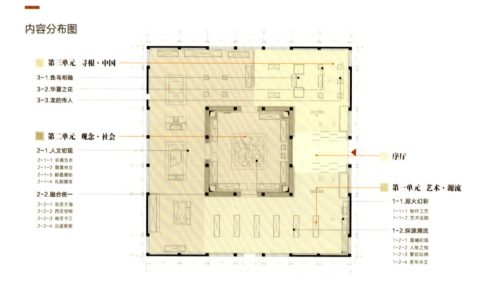

■ 第三单元　寻根·中国
3-1.鱼鸟相融
3-2.华夏之花
3-3.龙的传人

■ 第二单元　观念·社会
2-1.人文初现
　2-1-1 农桑为本
　2-1-2 聚落林立
　2-1-3 都邑肇始
　2-1-4 礼制萌发
2-2.融合统一
　2-2-1 东至于海
　2-2-2 西至空桐
　2-2-3 南至于江
　2-2-4 北逾幽燕

▶ 序厅

■ 第一单元　艺术·源流
1-1.泥火幻彩
　1-1-1 制作工艺
　1-1-2 艺术法则
1-2.探源溯流
　1-2-1 晨曦初现
　1-2-2 人鱼之悦
　1-2-3 繁花似锦
　1-2-4 芳华未艾

图 3-2　展厅平面布局

式格局不谋而合。此外，序厅长廊天顶的星空与展标墙上的点点繁星，都在以隐喻的形式，与著名考古学家苏秉琦先生提出的中国史前文明"满天星斗"的发展态势相呼应（图3-3）。

　　我们将文物、信息紧密融合于双"回"字形的空间结构之中，使物理空间具备叙事功能。主展区长廊空间以层层推进的叙事方式再现彩陶发展演变脉络、庙底沟时期的社会文化景象，以及彩陶图案演变的文化内涵。第一单元"艺术·源流"以6组大通柜，按照时间由早到晚，依次展示老官台文化、半坡文化、庙底沟文化、仰韶晚期文化与马家窑文化彩陶，在空间观感上形成纵向排列的谱系发展脉络（图3-4）。第二单元"观念·社会"第一节"人文初现"空间起始点，由地面灯箱式地图装置充当，形成与第一单元展陈空间明显的区隔，使"农桑为本""聚落林立"两部分展品与地面地图形成松散的组团关系，不仅准确定位时空，还指示了展品的文化归属；"都邑肇始"部分展陈空间相对独立，展陈内容以内嵌桌面柜的多层级沙盘模型方式呈现（图3-5）；"礼制萌发"部分以介绍"合族宴饮"为开篇，尖底瓶与陕西白水下河遗址房址复原模型形成一个展示组团，呈现庙底沟文化的公共礼仪活动（图3-6），随后在一组墙柜中布局"丧仪致哀"小组文物，"敬天礼地"以1组墙柜和4个独立展柜展示该组展品组团，"藏礼于器"作为第二单元第一节尾声结束（图3-7）。第二节"融合统一"在"回"字形展厅中心的方形独立空间中布局，代表东、西、南、北四个方向的4组墙柜与中心地图沙盘为一组团，在沙盘上叠加动态投影，辅以恢宏大气的背景音乐，以综合视、听的形式，展示庙底沟文化彩陶向不同区域扩散、重瓣花朵式多元一体文化格局的形成过程。第三单元"寻根·中国"展陈空间，以展柜作为区隔，划分为"鱼鸟相融""华夏之花""龙的传人"三块开放式展示空间（图3-8）。

展线按顺时针参观方向予以安排，总长456.7米，参观动线设计清晰而灵活，三重信息带可以满足不同受众的参观需求，喜欢阅读文字与图表信息的观众可重点参观外圈辅展墙内容，专注于文物展品的观众可以静静地观赏展品，不被过多的展览信息干扰，青少年群体可以在内圈展墙上找到感兴趣的科普互动展项。总之，展览将选择参观路线的自主权完全交予观众（图3-9）。

图 3-3　序厅效果（上）
图 3-4　第一单元实景（下）

图 3-5　第二单元第一节"人文初观"之"都邑肇始"杨官寨沙盘模型（上）

图 3-6　第二单元第一节"人文初观"之"礼制萌发"尖底瓶与大房子模型（下）

图 3-7　第二单元第一节 "礼制萌发" 之 "敬天礼地" "藏礼于器" 展陈效果（上）

图 3-8　第二单元第二节 "融合统一" 展陈效果（下）

平面规划
FLOOR PLANNING
—

人流走线图

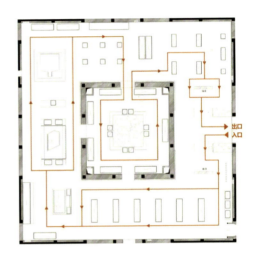

图 3-9　参观动线

（二）"古朴"与"现代"的碰撞

1. 总体艺术风格

　　一说到历史类专题展览，观众大抵无法跳脱深色的置景和昏暗的展厅环境这样的印象，彩陶·中华展尝试在展厅总体风格上有所突破。彩陶·中华展充分借鉴美术馆"白盒子"的空间视觉观感，以明快的亮色调代替传统历史类博物馆的"黑匣子"，通过白色调性和明亮的照度环境凸显文物的主体地位，以现代简约之美统领全局艺术效果，让观众在轻松与舒适的体验中观展。

图 3-10　内容展墙

　　主视觉设计根据"一轴两线"传播体系，分为文物展柜、内容展墙、互动
辅展墙三个系统，三个系统的艺术风格各具特色，彼此关联又相对独立，各美
其美，成为展厅中三道"风景线"。文物展柜作为展厅视觉中心，柜面采用纯
白色，柜内配合使用白色木质或透明亚克力展台，柜内辅助展板背板底色也以
白色为主，使文物中心轴在展厅中成为最突出的视觉焦点。内容展墙也以白色
作为主体底色，根据单元主题不同，略有差异，其中第二单元"观念·社会"
增加自然景观的黄、绿色底纹，增添了清新雅致的氛围；第三单元增加淡红色
山峦造型底纹，营造悠远之美，与探寻文明根脉的主题相契合（图 3-10）。内容
展墙不仅在内容上与文物中心轴存在强关联的关系，在艺术风格上也相辅相成、
交相辉映。互动辅展墙的设计灵感源于彩陶，主体颜色模拟彩陶的本体颜色，
以黄褐色为主，展墙底纹选取彩陶展品代表性器物及彩陶纹饰作为装饰，整面
展墙如同一件件彩陶展开的美丽外衣，观众仿佛置身于彩陶的世界中（图 3-11）。
主视觉设计还通过大面积留白的展墙、艺术化处理的平面设计体系，共同构成
了展厅的美学品质，让观众以现代的艺术形式观赏彩陶古朴之美。

2. 视觉产品设计

可以说，彩陶代表了史前时期非凡的艺术成就，是人类艺术史上的一块丰碑。中国史前彩陶奠定的艺术传统，不仅影响了古代艺术的发展，甚至对当代装饰艺术中的思想传统与基本架构都产生了深刻的影响。尽管彩陶是数千年前制作的，但绘制在彩陶上的纹饰仍旧散发着穿越时空的独特魅力，它的设计方法与现代设计理念有很强的共通性，不仅能够激发形式设计的创作灵感，还能为展览提供丰富的创作素材，这恰恰也是古为今用、古物新生的生动诠释。

彩陶勾连了古与今，它使现代艺术与原始绘画完美融合在一起，这一点，在展览海报与宣传彩页、互动辅展墙的设计中体现得淋漓尽致。形式设计团队以彩陶纹饰为灵感，大胆尝试，采用时下深受年轻观众喜爱的手绘漫画方法来创作视觉作品。这种现代的绘画方式，独特而张扬，让古老的彩陶重新焕发出新的生机和活力（图 3-12）。

展览的文字标识系统分为六个层级，由前言和结语、一级标题及其内容、二级标题及其内容、三级标题及其内容、三级标题以下的辅展文字以及展品说明牌共同构成，每一层级的文字字体、字号、颜色、排版、底纹都经过精心设计，配合主视觉设计系统，形成展览统一的视觉风格（图 3-13）。尤其是前言、结语辅展版面上的主题图案，以"阴纹"和"阳纹"的不同呈现形式，正好与彩陶纹饰不同观赏视角下的纹饰相呼应。彩陶元素的符号化提取，不仅被应用于主视觉设计的方方面面，在展厅的细节之处也随处可见，比如我们根据空间对应的彩陶展品特点，在参观动线的可多选节点上，设置或鱼或鸟造型的地面标识，以此来引导观众的行进方向。

146

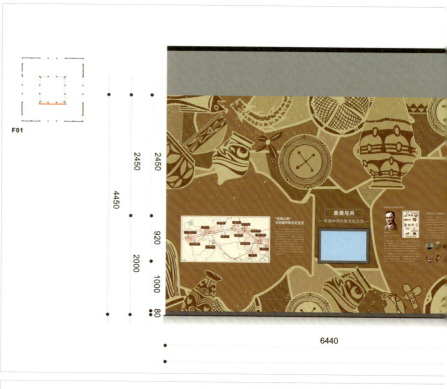

F01

2450
2450
4450
920
2000
1000
80

6440

F03

4370
4450
80

6440

图 3-11　互动辅展墙

观展方向 （尺寸单位：毫米） F01

2800

6390

15630

观展方向 （尺寸单位：毫米） F03

2800

6390

15630

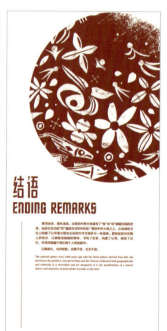

图 3-12　彩陶手绘纹饰被融入设计中（上）
图 3-13　不同层级文字标识（下）

图 3-14　第三单元第一节 "鱼鸟相融" 幻影成像装置

3. 特殊装置设置

　　彩陶·中华展的古今结合不仅体现在展览的艺术设计理念上，还表现在以现代科技手段多维度展示文物的具体做法上。第三单元 "寻根·中国"，需要以华县泉护村遗址出土的鹰形陶鼎、河南临汝（今汝州市）阎村出土的《鹳鱼石斧图》彩陶缸作为重点展品说明 "鱼鸟相融" 一节的内容。然而，出于文物安全的考虑，这两件文物未能参展。鉴于这两件展品的不可或缺性，策展团队决定以幻影成像的方式展示这两件文物（图 3-14）。在中国国家博物馆工作人员的协助下，我们采集到两件展品的三维数据，经过设计制作，两件虚拟文物通过特制的投影装置，得以呈现在观众的眼前。此外，我们还在装置的柜体上辅以文物的详细介绍，使两件幻影成像的展项成为展览的一大亮点。

4. 互动展项设计

博物馆展陈发展经历了一个以藏品为中心的阶段，时至今日，当代博物馆更加关注公众的诉求与体验感，正在以更积极主动的态度，将观众与展览的互动内容纳入展陈设计。考虑到彩陶·中华展宏大的叙事主题，以及内容专业性较强、展示时空跨度大的特点，我们将互动辅助展项的设计原则定位为通俗化、趣味化和形象化。

互动展项具有多重功能与作用，对展示主体有极强的包容性，也是设计者使用频次最高的展项设计手段。根据介质载体、观众参与度的不同，彩陶·中华展的互动展项可以划分为两大类：一类是多媒体互动展项；另一类是打卡类互动展项（图 3-15）。

多媒体互动展项中的"彩陶制作"展项，设置于第一单元"艺术·源流"的"制作工艺"内容处，是通过电子触摸屏的交互方式实现的操作类游戏（图 3-16）。游戏内容设置彩陶器形和彩陶纹饰两个板块，操作者可以点选不同的彩陶器形匹配不同的彩绘纹饰，让观众化身为史前陶工，体验制作、设计彩陶的乐趣，加深他们对彩陶工艺流程的印象，感受彩陶纹饰带来的美的体悟。第二单元第一节"人文初现"开篇的柜式触摸屏，设置了"庙底沟文化核心区"互动查询，观众可以通过点击不同文化圈的不同遗址，详细了解该遗址的总体面貌及彩陶出土的具体情况。在展览的尾声，以触摸屏的形式呈现"彩陶时代解读"，我们将有关"早期中国"的学术观点设定为第一层级，点击后可浏览不同考古学者对该层级观点的具体认识，以"大家之言"满足观众进一步的学术需求。此外，我们还针对重点展品制作了导览折页（图 3-17），并将重点文物的讲解以二维码的形式印制在相应的展品说明牌上（图 3-18），观众使用手机扫描二维码便可以获取展品相关信息，以增进对重点展品的了解。

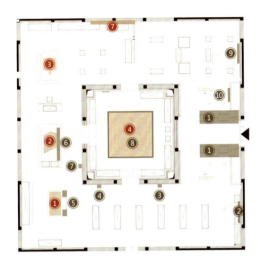

艺术品 Artwork

① "渭河谷地"立体地图
② "杨官寨遗址"立体沙盘
③ "白水下河遗址F1"复原模型
④ "早期中国文化圈"沙盘

多媒体 Multimedia

① "彩陶艺术"纱幕投影
② "彩陶制作"视频投影
③ "彩陶创作"互动游戏
④ "彩陶之路"互动游戏
⑤ "聚落林立"互动查询
⑥ "杨官寨遗址"视频投影
⑦ "杨官寨考古"互动游戏
⑧ "融合统一沙盘"视频投影
⑨ "龙凤纹的演变"视频投影
⑩ "专家解读"视屏

图 3-15 多媒体 / 艺术品分布（上）
图 3-16 "彩陶制作"视频（下）

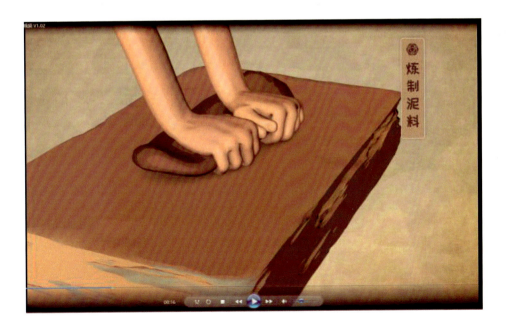

参展单位：

中国国家博物馆	枣阳市雕龙碑文物管理处
中国社会科学院考古研究所	湖南省文物考古研究所
北京大学赛克勒考古与艺术博物馆	四川博物院
河北省文物考古研究院	甘肃省博物馆
山西博物院	甘肃省文物考古研究所
山西省考古研究所	青海省博物馆
内蒙古自治区文物考古研究所	青海省文物考古研究所
乌兰察布市博物馆	宁夏回族自治区文物考古研究所
辽宁省文物考古研究院	陕西省考古研究院
南京博物院	西安半坡博物馆
浙江省文物考古研究所	西安市临潼区博物馆
海昌县博物馆	西安市鄠邑区文物管理所
山东省文物考古研究院	铜川博物馆
河南省文物考古研究院	宝鸡市青岭博物馆
河南博物院	宝鸡市考古研究所
郑州市文物考古研究院	陇县博物馆
郑州市大河村遗址博物馆	黄龙县文物管理所
	洛川县博物馆

PAINTED POTTERY OF CHINA
彩陶·中华
中国五千年前的融合与统一
5,000 YEARS OF MERGING AND INTEGRATION

展览时间
2020年
1.21 - 3.28

展览地点
陕西历史博物馆
第五展厅
SHAANXI HISTORY MUSEUM
NO. 5 EXHIBITION HALL

以陶承礼　与华相宜

展品分布范围最广　/　28件展品首次亮相
庙底沟文化彩陶最集中展示　/　观赏性与研究性并重

展览简介 /

中原大地是华夏文明重要的发祥地。距今5000年前，兴盛于渭水流域的庙底沟文化，以彩陶为标识，在东到大海、西达甘青，南至长江，北抵阴山的广大区域，掀起了一股澎湃壮阔的文化浪潮。彩陶的传播，不仅是文化的趋同、观念的整合，也构建起文化意义上的早期中国。《彩陶·中华——中国五千年前的融合与统一》展览汇集16省、市、自治区36家文博单位的245件（组）彩陶精品，是迄今中国博物馆涉及彩陶分布范围最广的一次展示。展览通过渭水流域彩陶发展历史的纵向脉络以及仰韶时代庙底沟文化彩陶的横向切面，勾勒出5000年前中华大地上文化融合、社会统一的壮丽图景，试图与大家一同去探索中华文明的渊远源头与华夏民族的深厚根脉。

Introduction

Welcome to the exhibition highlighting the 5,000-year old painted pottery from Central China. This collection from the Miaodigou Culture of the Yangshao Period, with its influence reaching from the East China Sea to Gansu and Qinghai provinces in the west, from Inner Mongolia in the north to the Yangtze River in the south, represents a facet of an integrated early Chinese culture. The exhibition, with 245 fine pottery works contributed by 36 cultural organizations and museums from 16 provinces and cities, is the show with the widest coverage of pottery distribution in China so far. It fully displays a picture of cultural and social integration 5,000 years ago and provides a great chance for us to explore the origin of Chinese culture and trace the root of the Chinese civilization.

图 3-17　导览折页

参观导览图 /

■ 重点文物

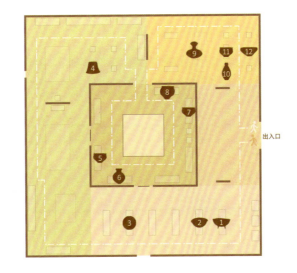

1 宽带纹圆底彩陶钵　甘肃省博物馆藏
2 人面鱼纹彩陶盆　陕西历史博物馆藏
3 花瓣纹彩陶器盖　陕西省考古研究院藏
4 涂朱镂空人面覆盆形器　陕西省考古研究院藏
5 花卉纹彩陶盆　中国社会科学院考古研究所藏
6 花瓣纹彩陶壶　山东省文物考古研究院藏
7 花卉纹彩陶盆　乌兰察布市博物馆藏
8 花瓣纹彩陶罐　青海省博物馆藏
9 鸟衔鱼纹彩陶壶　中国国家博物馆藏
10 花卉纹人头形器口彩陶瓶　甘肃省博物馆藏
11 花卉纹彩陶盆　陕西省考古研究院藏
12 龙纹彩陶钵　陕西省考古研究院藏

出入口

人面鱼纹彩陶盆

半坡文化
陕西省西安市半坡遗址出土
西安半坡博物馆藏

　　距今约7000～6000年，以渭水流域为中心的半坡文化彩陶迅速发展。半坡文化彩陶以红底黑彩为主，主要绘制在钵、盆、瓶、罐上，内彩发达，流行宽带纹、直线、三角等几何纹以及鱼纹、人面纹、鸟纹、鹿纹、蛙纹等象生图案，尤以浓厚绘画意趣的鱼纹和人面鱼纹最为典型，表现出高超的艺术手法和神秘的原始宗教气息。

Fish Face Painted Pottery Basin

Banpo Culture
Unearthed from Banpo Site in Xi'an, Shaanxi Province
Xi'an Banpo Museum Collection

About 7000 to 6000 years ago, the Banpo cultural colored pottery, centered on the Weishui Basin, developed rapidly. The colored pottery of Banpo culture is mainly red with black color. It is mainly painted on bowls, basins, bottles, and cans. The inner color is developed, and geometric patterns such as broadband patterns, straight lines, triangles, fish patterns, human faces, birds, and deer are popular. The motif of elephants and frogs, such as fish patterns and human fish patterns, are the most typical, showing superb artistic techniques and mysterious primitive religious atmosphere.

图 3-18　导览二维码

　　打卡类互动展项的操作性要强于多媒体互动展项，其自由度和灵活度更高，操作过程也更长。第二单元第二节"融合统一"内容，观众通过在展厅门口领取导览手册，在中厅沙盘四角盖上彩陶重点文物印章的方式，完成打卡互动。在比对导览手册上的遗址标注点、展厅重点文物以及彩陶印章的过程中，彩陶重点展品的形象会不断在观众的脑海中重复与加深，这恰好与近代知名学者傅斯年先生提出的考古需要"动手动脚找东西"的观点不谋而合。如此一来，观众对于彩陶所参与的史前文化融合与统一的认识也许会更加深刻。打卡互动的导览手册，带有观众个人深深的印记，作为一份独一无二的观展纪念品留存再合适不过了。

　　彩陶·中华展充分运用艺术和科技辅助展品，在空间上有效调节了展览叙事节奏，针对不同受众设计的差异化互动展项，不仅弥补了展览当中文物展品的不足，还提升了文物展品的叙事和阐释能力，使展览的通俗性、观赏性、趣味性和体验性得到保障。

三、一个展览的诞生——展览实施过程

（一）从理论到实践——"策展人"制度的本土化适应

英文语境中将在收藏机构负责藏品研究、保管和陈列的专职人员称为"curator"。20 世纪 70 年代末，我国台湾地区艺术界首先将 curator 翻译成"策展人"，从而将该词语引入汉语语境中。此后，我国博物馆界立足本国实际，围绕"策展人"这一概念的定义、内涵、职责等进行了诸多讨论，并逐步达成了"中国博物馆策展人与西方 curator 既有联系，又有区别"这一共识。

相较于英美博物馆对 curator 的定位和职责描述——"博物馆收藏的看护人——保管、登录、文保记录与监督；发展人——向馆长提供建藏提议；研究者——课题与信息发布；优化者——策展、出版与公众项目；管理人——馆长监督下的藏品预算与人事"，中国策展人的定位、内涵和职责范围比较模糊，且在各博物馆的具体实践中不尽相同。下面将以彩陶·中华展为例，介绍陕历博策展团队制度的实践过程。

自 2008 年免费开放以来，陕历博在馆内共举办了 98 个临时展览。每年临展的数量少则几个，多则十多个，从数量上来看比较可观。然而，对这些临时展览进行梳理，可以发现以下几个方面的问题。

首先，展览选题庞杂多样，系统性较弱，陕历博自身的定位和特色不够彰显。在这 90 多个展览中，引进展览的比重较大，占到展览总数的一半以上。在原创展览中，还有一部分是政治主题的"命题作文"，真正能体现陕历博藏品特色、能将研究人员的学术成果与博物馆展览业务高质量结合的精品展览数量偏少。而且，在原创展览中，展览的内容、主题十分多样，这固然能给观众带来"常看常新"的观

展体验，但过于庞杂的主题和内在缺乏连贯性的展陈体系从长远上讲不利于博物馆的发展。

　　其次，办展机制受制于现有行政架构，展览各环节之间协调、衔接不够紧密。与我国其他许多博物馆一样，陕历博的核心业务架构沿用的是新中国成立时现代博物馆的"三部一室"制，即陈列部、保管部、宣教部和科研室的组织结构。陈列部负责展览的策划、组织和实施，保管部负责馆藏文物的保管与保护，宣教部负责公众的社会教育，科研室负责馆藏文物研究和科研管理工作。这种行政架构看似分工明晰，各司其职，却割裂了几项核心业务工作的内在联系。陈列部策划展览，但受制于对藏品的了解程度和藏品调用权限，很难使丰富的藏品得以充分利用，不利于展览选题的规划和展览内容的组织；保管部熟悉馆藏，但其业务限于保管和保护，难以插手展览策划；宣教部熟悉公众，了解公众的需求，却不能在展览策划阶段贡献其智慧，只能在展览开幕之后配合开展工作；科研室具有较强的科研能力，但由于在展览的策划阶段没有多少介入，很难对展览的质量进行把关。这种管理模式的局限性导致陈列部在策划展览时只关心展览的内容设计和形式设计，至于展览宣传、教育活动、文创产品开发等相关工作，虽然跟展览有关，但从分工上不属于陈列部的工作范围。因此，展览的各环节工作易出现脱节和沟通不畅等问题，不利于满足观众多方面、多层次的观展需求。鉴于此，陕历博于2017年开始筹划"早期中国"大型原创系列展览，并以此系列展览为契机开始"策展人团队"制度的实践，探索办展新模式。

　　与国内其他博物馆"策展人制度"的实践相比，陕历博彩陶·中华展的策划实施是通过"策展人团队"来实现的。所谓的"策展人团队"，即由一位主策展人牵头，根据展览工作规划，打破部门阻隔，从全馆范围内选择对展览内容有研究的业务人员、形式设计人员、观众调查人员、教育活动人员、宣传策划人员、服务延伸与展览推广人员等组成策展团队，对展览的"全生命周期"负责。

主策展人是团队核心，也是展览的总负责人。其职责包括：

（1）组建工作团队、报批项目预算、完成项目总结；

（2）负责与博物馆决策层的沟通，与馆内及馆外各相关部门和单位的协调；

（3）明确展览目标、展览主题、展览规模、展览设计思想；

（4）领导策展团队完成展览内容设计、形式设计及文物调集、布展、撤展等相关工作；

（5）领导策展团队确定观众调查、教育活动、宣传活动等方案。

策展团队成员的职责分别如下。

内容设计人员：要求为具有考古专业学历、对彩陶及早期文明有相关研究的专业人员；职责为协助主策展人进行展览策划，包括展览大纲及展览所有文字的编写、审定，展品和辅助展品的选择和确定。与形式设计人员进行沟通，确保形式对内容表现的科学性、艺术性。

形式设计人员：要求为具有丰富形式设计经验且对彩陶有基本认知的设计师，职责为与主策展人和内容设计人员一起确定展览设计思想，并独自或与相关公司一起根据展览设计思想，完成展览的空间设计、平面设计、展板设计，以及说明牌、导览图、宣传册、图录等的相关设计，并在制作和施工阶段指导和监督相关单位，确保工程和产品都符合策展设计思想。

观众调查人员：要求为长期工作在与游客直接接触的一线岗位、具有丰富观众调查经验且具备观众调查专业知识的业务人员。职责为在展览策划初期对观众的需求进行调查，并尽可能在展览设计时将观众的需求告知内容设计人员和形式设计人员。在展览设计阶段，将展览的初步设计通过观众调查进行验证，找出设计中存在的问题并使问题得到及时修改。展览开幕后组织进行观众调查，以检验展览对最初设计目标的实现情况，观众的满意度、认知度和获得感等。

教育活动策划人员：要求为具有丰富的博物馆教育工作经验，了解观众需求的业务人员。根据展览内容设计教育活动方案；在展览内容策划和形式策划中，提出观众教育活动的建议；撰写展览解说文案，培训讲解员和志愿者；策划并组织实施展览教育活动等。

宣传活动策划人员：要求为具有丰富外宣工作经验的行政人员。职责为根据展览内容规划宣传活动方案；在展览前和展览期间，策划不同形式和内容的宣传活动；通过媒体宣传、广告宣传、与相关单位互惠合作等方式，加大展览的宣传力度。

服务延伸与展览推广人员：根据展览主题的需要，配合展览开展相关专题活动、讲座，设计开发创意产品等。将展览推广到其他博物馆继续展出，以获取更大的社会效益和经济效益。

主策展人自主挑选以上相关团队成员，团队成员在主策展人的组织、协调下，共同完成从策划、实施到结项等一系列复杂的工作内容。由于主策展人和团队成员之间是一种直接的"委托"关系，因此成员之间信任感强、配合度高、协作精神好。这种自然形成而非组织调配形成的协作关系，能极大地调动每个成员工作的积极性和主动性，从而有利于工作效率的提高。策展团队中的每位成员均直接、全程参与策展的每个环节，对展览从内容到形式的每一个细节都有深刻的了解。展览配套的学术活动、教育活动、宣传、文创等各个子项目均由策展团队成员直接对接，保证了展览各个环节之间衔接流畅。此外，策展团队的组建也有利于人才的培养。团队中的每个成员既有具体分工，这有利于每个人专长的发挥；同时又参与了一个展览从无到有的全过程，对各个环节都有深入的了解，为每个成员成长为将来的团队领头人——主策展人，提供了有利的人才成长环境。策展团队制度打破了传统体制下部门与部门之间、个体与个体之间以及个体与部门之间的层级与隶属关系，是以项目为中心的对人力资源的一个阶段性整合。

组建好策展团队，就进入展览的设计制作环节。这一环节可以分为设计和制作两个阶段。

（1）设计阶段：对展览本身及配套项目进行设计，包括设置展览目标、撰写展览大纲、设计展览形式、策划教育活动、制定宣传方案等。在此过程中涉及的项目组织管理工作有展览经费估算、经费申请、经费分配、工作团队组建和任务分配等。在这一阶段，最关键的就是对时间、人力、经费三个主要因素的合理分配和管理。

（2）制作阶段：这一阶段围绕展览本身的活动包括相关展览要素的准备工作，如文物的选取和租借、保养、运输，辅助展品的制作，展厅场地、灯光、温湿度等的准备和调试等。还包括文物及辅助展品的上展，教育活动材料的印制、讲解员的培训，以及宣传计划的实施。涉及的项目组织管理工作包括经费预算的控制、工程进度和质量的管理等。

设计制作、施工布展结束，展览向公众开放，就进入展览运营环节。这一环节可以分为运营和撤展两个阶段。

（1）运营阶段：围绕展览本身的工作包括展览的开放、运营维护、安保保障、观众调查、各种教育活动的实施等。涉及的项目组织管理工作主要有财务结算、各种服务的提供和管理等。

（2）撤展阶段：与展览本身相关的工作有文物的归还、展览的拆除等。涉及的项目组织管理工作主要是展览经费的决算。

展览结束后还有一个绩效评估环节，可分为针对展览本身的评估和对项目管理过程的评估两部分。针对展览本身的评估内容包括：展览是否实现了既定的目标，观众的参观数量和参观质量怎么样，观众对展览的满意度如何，对展品的保护手段是否充分等；针对项目管理过程的评估主要是展览设计、制作、运营、撤展等过程中对管理水平、管理方式及管理效果的评估。评估的结果形成书面报告，不仅能为此次展览留下一份记录，更能为下一个展览提供可以借鉴的经验。

通过彩陶·中华展的策展实践，陕历博在探索"策展人团队"的策展模式方面积累了很多有益经验。在实际操作过程中，也碰到了一些困难和问题，有待进一步解决。

一是"策展人团队"模式与博物馆现行部室制之间如何协调与对接的问题。受博物馆现有行政架构的制约，一些流程和行政类事务，如项目招标、签订合同、点交文物等，归口于陈列展览部，并需要其部门人员配合才能完成。这部分工作由谁安排、配合度如何，各事务性环节的时间节点把控、整体项目推进，是本次策展工作的难点。此外，由于策展团队成员来自不同部门，除了展览项目以外首先要完成其在各自部门的本职工作，这样一来就需要投入大量的工作以外的私人时间在展览项目上，工作压力较大。当展览工作和部门本职工作发生冲突时，较难进行平衡。

二是如何建立"策展人团队"制度长效机制的问题。本次彩陶·中华展的主策展人同时也是陕历博的副馆长，在行政上有相应的决策权和话语权，有些涉及部门之间协作的事务是以行政命令的方式推进的。但如果未来某个展览由不具备行政职务的人员担任主策展人，他可以被赋予哪些行政权力、可以调配哪些人力物力资源，这都需要相应的制度和规范来予以明确。明晰"策展人团队"的责权利，是建立"策展人团队"制度长效机制的关键。

（二）"万卷书"与"万里路"——展前调研纪实

中国考古走过百年历程，有关"早期中国"和彩陶的考古发现与学术成果浩如烟海。能否从中选取出合适的展示内容，讲好彩陶与"早期中国"的故事，是策展团队面对的最重要的问题，也是展览成功与否的核心和关键。为此，策展团队将彩陶与早期文明构建作为一个课题展开研究，利用文献研究法、整理归纳法、实地调查法、案例分析法，综合已有研究成果，探索"彩陶与早期中国"展览在内容和形式上活化的突破口和创新点。

　　一个好的学术型展览，必须有明晰且独到的主题观点作为展览的"骨架"。彩陶·中华展的主策展人常年深耕史前考古，具有相当丰富的考古学理论与实践积累，是该领域的专家学者。凭借其敏锐的学术洞察力，展览的主题聚焦在距今 5000 年前庙底沟文化彩陶在中华大地上传播扩散的情况，以此为切面来反映"早期中国""多元一体"文化格局的形成过程。

　　循着这一主旨，策展团队首先开始梳理基础材料，主要包括考古材料、研究成果和历史文献三部分。不同于以往展览在甄选展品时更关注其精美度和观赏性，在彩陶·中华展中，展品是为叙事服务的，因此在梳理考古材料时，本着"应收尽收"的原则，策展团队在海量考古报告、文物图录及相关报道中搜寻着庙底沟文化彩陶的踪迹，选取适合阐释展览主旨的展品。

　　读万卷书还要行万里路。带着初步遴选出的 500 余件彩陶标本资料，策展团队开启了展览的调研工作，踏上了茫茫的"寻彩之路"。2018 年 11 月至 2019 年 5 月，策展团队先后奔赴郑州市文物考古研究所、山西省考古研究所、中国社会科学院考古研究所、辽宁博物馆等全国 28 家考古单位及博物馆进行实地考察，足迹遍布大半个中国（表 3-2）。由于前期资料收集工作做得扎实，很多最新出土的重要材料也纳入了策展团队的视野。在调研时，我们多次奔赴考古遗址和文物库房现场选定展品。各借展单位给予了大力支持，使得很多新近出土的或者长期沉睡在文物库房的文物得以第一次亮相在世人面前。

表 3-2   展前调研情况一览

调研时间	调研地点	调研单位
2018-11-20	陕西西安	西安半坡博物馆
2018-11-21	陕西西安	陕西省考古研究院杨官寨遗址
2018-11-29	河南郑州	郑州市文物考古研究院
2018-11-29	河南郑州	郑州市大河村遗址博物馆
2018-11-30	河南郑州	河南博物院
2018-11-30	河南郑州	河南省文物考古研究院
2018-12-04	山西侯马	山西省考古研究院（侯马工作站）
2018-12-05	山西太原	山西省考古研究院
2018-12-05	山西太原	山西博物院
2018-12-06	河北石家庄	河北省文物考古研究院
2018-12-07	北京	中国社会科学院考古研究所
2018-12-07	北京	中国国家博物馆
2018-12-10	山东济南	山东博物馆
2018-12-11	辽宁沈阳	辽宁省文物考古研究院
2018-12-11	辽宁沈阳	辽宁省博物馆
2018-12-12	内蒙古呼和浩特	内蒙古自治区文物考古研究院
2018-12-18	青海西宁	青海省文物考古研究所
2018-12-18	青海西宁	青海省博物馆
2018-12-19	甘肃兰州	甘肃省博物馆

续表

调研时间	调研地点	调研单位
2018-12-20	甘肃定西	中国社会科学院临洮工作站
2018-12-20	甘肃定西	临洮县博物馆
2018-12-21	江苏南京	南京博物院
2018-12-24	湖北武汉	湖北省博物馆
2018-12-25	湖北荆州	荆州博物馆
2018-12-26	湖南长沙	湖南省文物考古研究所
2018-12-27	湖南岳阳	岳阳博物馆（岳阳市文物考古研究所）
2019-5-28	内蒙古呼和浩特	内蒙古博物院
2019-5-29	内蒙古乌兰察布	乌兰察布博物馆

　　由于文物展品涉及地域广、牵涉的借展单位众多，整个展前调研时间紧迫、任务繁重，其间之曲折艰辛，个中甘苦况味，只有亲历者才能体会。但也正是由于有了这个过程，我们对庙底沟文化彩陶的特征、分布范围、传播范围和传播路线有了更加切身而直观的认识。我们追随着庙底沟文化彩陶扩散流布的足迹一路前行，东至辽宁、山东，西至青海，南至湖南、重庆，北至河北、内蒙古，一路竟然与《史记》所记载的黄帝"东至于海，登丸山，及岱宗。西至于空桐，登鸡头。南至于江，登熊、湘。北逐荤粥，合符釜山，而邑于涿鹿之阿"的征伐管理区域高度重合。这对于策展团队来说是极大的震撼。在飞机、火车等现代交通工具的助力下，我们跨越这么大的区域尚且十分辛苦，那么，在距今5000多年前的史前社会，庙底沟文化的彩陶能在如此广阔的区域分布，其背后的文化整合力、人员控制力、精神凝聚力和文明发展程度该有多高！这场"让材料牵着鼻子走"、跨越时空的对话，使我们

对那个时代文化互动融合的认识更为鲜活。这些亲身躬行、用脚丈量得来的感受，也被我们融入展览内容中，成为整个展览的重点和高潮。

（三）"主项目"带"子项目"——系统策展理念

如今，人们对博物馆展览的需求不再局限于欣赏文物、获取知识，而是将看展览作为日常休闲、朋友约会、亲子活动的一部分。因此，以往形式单一的展览模式已经无法满足观众日益丰富的观展需求。为此，陕历博创设了"主项目"带动"子项目"的全方位的展览机制，以展览本身为主项目，带动学术讲座、青少年教育活动、配套文创产品等与展览密切相关的子项目，以满足不同层次群体的不同观展需求，并从长远上盘活全馆资源，助推博物馆事业的全面发展。

在彩陶·中华展立项之初，就明确了以展览主项目来带动相关文化产品和服务的宏观框架，围绕展览规划了学术、教育、文创三大板块的子项目。

1. 学术子项目

学术子项目包含系列学术讲座、学术讨论会和学术型图录三部分。"彩陶·中华"系列学术讲座依托陕历博已有的"历博讲坛"学术平台进行，邀请了20位国内学界对彩陶有深入研究的知名专家学者进行专题讲座，与公众分享彩陶文化研究的成果。讲座的内容和编排不仅与展览相辅相成，而且是展览强有力的拓展和补充。一方面，讲座和展览的主旨观点与叙事结构高度契合，以彩陶为切入点，以庙底沟文化彩陶在史前的传播为例证，带领观众了解距今约5000年前早期文明在互动交流中融合与统一的过程。观众在聆听讲座的同时能够对展览形成基本认识，有助于更好地理解展览内容。另一方面，与展览本身相比，"彩陶·中华"系列讲座的内容更全、涉及范围更广，对展览涉及但没有展开展示的内容都有相应的解读。比如，关于怎样欣赏彩陶上的纹饰、怎样理解彩陶纹饰的内涵，中国社会科学院考古所王仁湘研究员带来了题为"鱼鸟之变：庙底沟文化彩陶的两大纹饰体系"的精彩讲座，视角新颖独到；郑州市文物考古研究院顾万发院长"《鹳鱼石斧图》图像新论"讲座从全新的角度解读了河南汝州阎村出土陶缸上《鹳鱼石斧图》的文化内涵，引人深思。又如，展览着重展示仰韶时代庙底沟文化彩陶在史前各文化间扩散、流布的情况，讲座则在此基础上，更加细致全面地介绍了各文化彩陶的个性特征，如江苏省考古研究所林留根所长题为"花叶图符诠释江苏史前彩陶之美"的讲座，详细解读了既具自身特色、又体现多元文化融合的江苏地区史前彩陶；辽宁大学历史学院张星德教授题为"红山文化彩陶纹样视角下的中国北方新石器文化互动"的讲座，带领大家感受红山文化彩陶的独特魅力。通过对史前中华大地上各个区域彩陶的解读，观众能更好地领会中华文明"多元一体"格局的深层含义。

　　整个"彩陶·中华"系列学术讲座共举办了20场，前后历时三年，贯穿了展览从策展阶段到展览过程的始终（表3-3）。通过这一系列讲座，很多观众从不知彩陶为何物，到了解彩陶、爱上彩陶，进而沉醉于彩陶背后波澜壮阔的文化图景。可以说，系列讲座的举办为彩陶·中华展打下了坚实的观众基础，大大丰富了展览的内涵。由于讲座所邀请的主讲人均为国内研究彩陶和史前文化的顶尖学者，一些相关专业的高校师生及考古文博界的专业人士也对这一系列讲座报以高度关注。"彩陶·中华"系列学术讲座无论从讲座数量上还是学术分量上，都是以往博物馆举办过的专题讲座所无法比拟的。

表 3-3　"彩陶·中华"系列学术讲座一览

讲座场次	讲座名称	主讲人	讲座时间
1	文明探源　古国巡礼——互联网＋中华文明的思考	卜工（广东省文物考古研究所研究馆员）	2017-04-30
2	彩陶与中国文明的兴起——以关中庙底沟文化发展为例	王炜林（陕西历史博物馆副馆长、研究员）	2017-07-29
3	中国史前考古简史	赵辉（北京大学考古文博学院教授）	2017-11-03
4	鱼鸟之变：庙底沟文化彩陶的两大纹饰体系	王仁湘（中国社会科学院考古所研究员）	2017-11-03
5	西坡葬礼：庙底沟类型的社会发展和"最初的中国"	李新伟（中国社会科学院考古研究所研究员）	2018-02-25
6	丝绸之路前的彩陶之路	韩建业（中国人民大学教授）	2018-02-25
7	半坡文化彩陶里的故事	陈雍（天津市文史研究馆研究员）	2018-05-23
8	庙底沟文化彩陶纵论	赵春青（中国社会科学院考古研究所研究员）	2018-05-23
9	从枣园到桃园——山西彩陶遗存	薛新明（山西省考古研究所研究员）	2018-10-19
10	若即若离、相生相克——半坡与庙底沟彩陶背后的隐喻	朱雪菲（浙江省文物考古研究所研究员）	2018-11-23

讲座场次	讲座名称	主讲人	讲座时间
11	甘肃彩陶	贾建威（甘肃省博物馆馆长、研究员）	2019-01-18
12	庙底沟遗址考古发掘的主要收获及研究	樊温泉（河南省文物考古研究院研究员）	2019-04-19
13	东方史前陶器的精华——海岱地区史前彩陶概论	栾丰实（山东大学历史文化学院教授）	2019-05-10
14	世界体系下的史前艺术浪潮：中国彩陶及相关问题	李水城（北京大学考古文博学院教授）	2019-05-10
15	仰韶文化彩陶与社会——以河南汝州洪山庙遗址为例	袁广阔（首都师范大学历史学院考古系教授）	2019-05-22
16	《鹳鱼石斧图》图像新论	顾万发（郑州市文物考古研究院院长、研究员）	2019-07-02
17	长江中游地区史前彩陶	孟华平（湖北大学历史文化学院教授）	2019-12-26
18	花叶图符诠释江苏史前彩陶之美	林留根（江苏省考古研究所所长、研究员）	2020-06-28
19	红山文化彩陶纹样视角下的中国北方新石器文化互动	张星德（辽宁大学历史学院教授）	2020-07-06
20	庙底沟文化与天鼋	许永杰（中山大学考古专业教授）	2020-08-07

　　学术子项目的第二部分是展览同名图录《彩陶·中华：中国五千年前的融合与统一》。展览出版配套图录是博物馆展览的"常规操作"。之所以把彩陶·中华展图录作为展览的学术子项目，是因为这本图录不仅以图片形式展示文物之美，还利用大量图表、知识链接等辅助手段，着重体现展览的核心观点和策展团队的研究成果。每件文物均配有高清图片，为了便于读者欣赏和理解彩陶纹饰及其文化内涵，针对重点文物还附有线图、细部图和纹饰展开图，力求最大程度再现纹饰全貌。文物词条中不仅有基本信息介绍，策展人还从展览叙事的角度给每件文物撰写了相应的研究解读。对于一些出于各种原因没有参展的文物，鉴于其对展览内容和观点的支撑，不但予以收录，而且还给予一定的篇幅进行解读。图录还收录了相关学术研究论文和彩陶文献目录，满足不同读者群体的个性化需求。可以说，这是一本兼具艺术性、学术性和资料性的展览图录。2021年8月，该图录以内容质量的高度学术性和原创性，以编校质量、设计质量和印刷质量的较高水准，荣获了"2020年度全国文化遗产十佳图书"。

　　学术子项目的第三部分是于2020年7月举办的"溯源寻根　传承利用——'彩陶·中华——中国五千年前的融合与统一'展览研讨会"。会议邀请了全国36家文博单位的50多位专家学者，围绕彩陶与"早期中国"学术研究以及考古研究成果的博物馆展示与传播等问题，进行了深入研讨。与会专家就彩陶的起源、纹饰表征含义以及彩陶相关的考古学文化关系展开了激烈的讨论，分享了各自在彩陶领域的研究成果，观点新颖独到，代表了目前国内彩陶研究的较高水平。在参观了彩陶·中华展后，与会专家对展览的内容设计与形式设计均给予了高度评价，认为彩陶·中华展是一场有高度、有深度、有温度、有厚度的展览，尤其在中华文明起源与考古研究成果的转化与展示方面，表现出的综合性与独创性，具有积极的借鉴意义。以这次学术研讨会为契机，各地专家济济一堂，对我国史前彩陶的表征、内涵和外延进行了全方位解读，取得了丰硕成果，同时也从博物馆学的角度，对展览的组织策划、展陈设计等进行了深入讨论，达到了深化彩陶研究、分享办展经验的目的。

2. 教育子项目

　　教育子项目是从展览策划之初就同步进行规划的，可分为展厅互动体验、公众导览和线上线下教育活动三大部分。展厅互动体验是展览内容设计中的重要组成部分，也是在展览大纲成形阶段就同步进行规划的。展览互动体验项目的目标受众群体是青少年，因此在互动的内容、形式和硬件的设置上，都是与青少年的身心发展水平相符的。考虑到史前彩陶离我们的年代太久远，观众尤其是青少年观众对彩陶的了解程度不高，策展团队特意在展览第一单元的"泥火幻彩"部分设置了动画片，直观生动地展示了彩陶从选料、加工陶土到制坯、绘彩、烧制的全过程。为了让小朋友们对彩陶上的典型纹饰有所了解，还设置了电子游戏，让他们在屏幕上选择自己感兴趣的陶器器形，在上面绘制纹饰，"创作"出属于自己的彩陶艺术品。在"彩陶之路"部分，为了直观展示库库特尼—特里波利文化彩陶与中国彩陶的相似之处，设置了一个类似"连连看"的闯关小游戏，通过相似纹饰的配对与比较来展示文化交流的广度。

　　展览第二单元的"融合统一"部分主要展示庙底沟文化最具代表性的花卉纹彩陶在中国境内东到大海、西达甘青、南至长江、北抵阴山的广袤区域内的传播流布的情况，从而勾勒出庙底沟文化和周边文化互动整合，最终形成以中原文明为中心的重瓣花朵式文化格局的过程。这部分是整个展览的核心，也是解读整个展览的关键。为此，策展团队专门为青少年观众设置了打卡活动，引导他们在展厅中寻找来自各个文化的具有庙底沟风格的彩陶展品，并将彩陶纹饰的印章盖在地图的相应位置。通过这一有趣的互动游戏来引导小观众参观，从而使他们能更直观地感受到庙底沟文化彩陶分布之广与其强大的整合能力。

　　公众导览分为宣传折页、导览手册、语音导览和人工讲解，以满足不同群体的

图 3-19　导览手册

观展需求。本次展览的宣传折页上不仅有展览的基本信息，还附上了推荐的参观路线和重点文物介绍。观众在观展之前取阅折页，可以获得观展引导，从而更好地理解展览内容。相关展品的介绍还制作成了二维码附在文物说明牌旁，观众可以用手机扫码收听。导览手册的目标群体是青少年。手册以手绘漫画的形式，将杨官寨遗址出土的镂空人面纹陶盆卡通化，让"脸盆君"带领小朋友们参观展览，通过一个个富有启发式的问题，让孩子们"看懂"彩陶，理解展览内涵（图3-19）。在展览策展的过程中，策展团队定期给讲解员进行培训，不仅介绍文物展品，还从策展人角度介绍策展理念，并为讲解员提供了讲解词，使讲解员可以在开展后为游客提供人工讲解服务。

"听小姐姐讲彩陶"是本次展览教育子项目的一个亮点。该项目是联合陕西华夏文化创意有限责任公司推出的以彩陶为主题的系列音频课程。因策展团队成员多为女性，故以"听小姐姐讲彩陶"为名。音频课程共分12期，构架与主题设置和展览大纲保持一致。课程将展览大纲的三个叙事单元拆解成12个主题，涵盖了彩陶的制作工艺与艺术法则、纵向发展与横向传播、彩陶鼎盛期的社会背景与意识观念、彩绘纹饰的含义解码与认同构建等多方面内容。由浅入深、环环相扣，系统地将彩陶文化内涵阐释给听众，又对重点问题加以剖析，最后抛出深层次的华夏文明根脉问题。公众在课程设计者的启发下不断思考，逐步增强对中华传统文化的理解与认同（表3-4）。

与以往博物馆教育活动不同的是，"听小姐姐讲彩陶"系列音频课程是由展览策展人直接参与内容设计的博物馆课程。课程的设计者既是"策展人"，也是"释展人"，对文物及其背后的故事足够了解，对展览信息的传达也能兼顾高效与准确。同时，课程构建起策展人与公众直接对话的平台，公众在与策展人的交流中进一步加深了对展览的理解，提升了博物馆的参观体验；策展人则收获了公众对展览内容的直接反馈意见，了解了公众的喜好、意愿与需求，这些来之不易的经验对我们的策展工作大有助益。

"听小姐姐讲彩陶"系列音频课程主要通过陕历博官方微信公众号、华夏文创官方微信号推送。课程上线后，"这里是甘博""人民日报文创""陕文投集团"等多家公众号转载了课程内容；今日头条、搜狐网、腾讯新闻等门户网站也对部分课程内容进行了转载。课程中后期上线喜马拉雅音频分享平台，不仅为展览收获了大量的关注，也实现了音频的长时段收听。截至课程结束后一个月，全平台累计阅读量破7万次。借着音频课程迅速传播的"东风"，2021年5月，课程配套的科

表3-4　彩陶·中华展大纲框架与"听小姐姐讲彩陶"课程构架对应关系

彩陶·中华展大纲框架			"听小姐姐讲彩陶"课程构架
第一单元 艺术·源流	1.1 泥火幻彩	1.1.1 制作工艺	第1讲：泥火幻彩中隐藏的文明密码——彩陶的出现
		1.1.2 艺术法则	
	1.2 探源溯流	1.2.1 晨曦初现	第2讲：彩陶口沿上那抹红背后的"硬科技"——晨曦初现
		1.2.2 人鱼之悦	第3讲：奥运福娃与半坡彩陶竟有这般缘分——人鱼之悦
		1.2.3 繁花似锦	第4讲：我把你画成花　会开的一朵花——繁花似锦
		1.2.4 芳华未艾	第5讲：强势崛起的彩陶黑马——芳华未艾
			第6讲：这条彩陶之路早了张骞四千多年——彩陶之路
第二单元 观念·社会	2.1 人文初现	2.1.1 农桑为本	第7讲：揭秘庙底沟人的吃穿住——重返庙底沟
		2.1.2 聚落林立	
		2.1.3 都邑肇始	
		2.1.4 礼制萌发	第9讲：寻找五千多年前的"礼"——彩陶承礼
	2.2 融合统一	2.2.1 东到大海	第8讲：中华大地上盛开的重瓣花朵——融合统一
		2.2.2 西达甘青	
		2.2.3 南至长江	
		2.2.4 北抵阴山	
第三单元 寻根·中国	3.1 鱼鸟相融		第10讲：鱼和鸟的故事——鱼鸟纹彩陶
	3.2 华夏之花		第11讲：华夏之花的盛开——华夏之花
	3.3 龙的传人		第12讲：彩陶上的"中华龙"——龙纹彩陶

普读物《泥火幻彩：听小姐姐讲彩陶》正式出版。2021年6月，本系列音频被"学习强国"APP陕西学习平台收录，2021年7月上线"学习强国"APP全国平台。通过不同媒介的迭代传播，课程的传播范围进一步扩大，继而构筑起彩陶·中华展的跨媒介传播新矩阵。可以说，"听小姐姐讲彩陶"系列音频课程不仅是一个成功的展览教育案例，也是一次成功的博物馆跨媒介传播实践。

3. 文创子项目

　　近年来，文创产品研发已经成为博物馆工作的一个重要发力点，也成为博物馆最受公众关注的一个业务领域，在某种程度上甚至成为塑造博物馆社会形象的一个重要方面。作为展览的一个子项目，彩陶·中华展的配套文创产品由策展组直接参与策划，从根本上保证了文创产品的品质以及和展览的契合度。

　　与展览内容策划同步，陕历博联合东方密语、华夏文创、嘉德明诚、加林艺术文化传播有限公司4家文化企业，历经近一年的时间共同为展览研发了92款文创精品。藏在彩陶中的中国美学基因密码，通过精心的二次设计创作，融入手账、丝巾、首饰、包袋、眼罩、胶带等产品中，浓缩于日历、文具、饰品、生活用品等品类间。透过精美的文创，人们可以感知先民们眼中的游鱼、飞禽、波涛、流云，甚至其所思所想。在设计师与文创研发者的巧思中，那些祖先的画作变成了贴近生活的艺术衍生品，远古时期的艺术焕发出新的活力，走进了当下人们的日常生活。

　　《2020陕博日历·彩陶中华》是展览配套文创产品中的"核心产品"（图3-20）。它既是对一直以来所坚持的文创研发要以藏品开发产品、以产品带动产业、以博物馆推广博物馆文创的积极实践，又是展览的延伸和拓展。首先，《2020陕博日历·彩陶中华》聚焦于彩陶文化，目光遍及中华大地，搜集了全国20个省区市50家文博单位的366件彩陶文物，其数量和规模超过了展览所展出的文物。特别是一些出于各种原因不能在展览中亲自"现身"的重器，如收藏在国家博物馆、鼎鼎大名的

图 3-20   2020 陕博日历·彩陶中华

鹰鼎和《鹳鱼石斧图》彩陶缸等，在日历中也得以显现。因此，《2020 陕博日历·彩陶中华》完成了一次中华彩陶的大集结、"大联欢"。其次，日历以月份为单位规划主题，通过"陶华萌发""生机盎然""彩波律动""幻彩密语""华夏之花""华山玫瑰""'花''龙'结合""陶彩西及""绵延江汉""齐鲁陶韵""百越陶歌""彩韵悠长"12 个分主题，将时节的变化顺序与彩陶文化的发展历程创造性地结合起来，勾勒出中华史前彩陶萌芽、发展、繁荣、沉寂的完整演进脉络。同时，项目团队秉承陕博日历自诞生以来就坚持的知识性、学术性、观赏性、功能性等原则，将专业、权威的研究成果转化为生动、晓畅的语言，对各种彩陶背后所蕴含的地域风格、时代特征、工艺技术和文化内涵等历史密码进行解读，让读者借此日历，走进彩陶世界，了解史前文化。用心打造的《2020陕博日历·彩陶中华》，在内容上体现出依托展览、超越展览，结合研究、全新解读，深入浅出、精彩讲述的特点；在形式上体现出碑帖集字、得书法之神，文物作图、悟艺术之韵，页面留白、记生活之感的特点。虽然展览因有实物可以观览，有展示手段可以营造氛围，有技术手段可以与观众互动，因此其效果可能更生动、更具体、更有观赏性，但是，日历却可以带走，通过一天一物，陪伴读者一整年。所以说，《2020陕博日历·彩陶中华》配套文创与展览互相补充，相映生辉，发挥了"1+1 > 2"的效果。2022年，《2020陕博日历·彩陶中华》被评为"全省优秀外宣品一等奖（出版印刷类）"。

博物馆展览的时间和空间具有局限性，而展览文创产品却可以不受时空限制，在更广阔的空间和更长的时间扩展和延伸博物馆的传播功能。公众将展览文创产品带回家，实际上就是将博物馆的文化信息带回了家，从而使文创产品的信息传播功能超出了博物馆这个特定空间，在空间上得以扩展；同时，这种传播功能在时间上也不限于在博物馆参观的这段时间，甚至在时隔多年之后，当其主人在某个角落将之前购买的甚至已经落满灰尘的文创产品重新捡拾起来，还会唤起当时观展时的许多记忆，并进而产生联想，引发思考，使博物馆文化的传播得以在时间上延续。

（四）"永不落幕"的展览——数字展览矩阵的构建

彩陶·中华展于2020年1月22日开展。开展后仅两天，1月24日，受新冠疫情影响，陕历博闭馆。1月27日国家文物局召开专题会议，传达学习了习近平总书记在1月25日中央政治局常委会会议上的重要讲话精神，专题研究部署文物

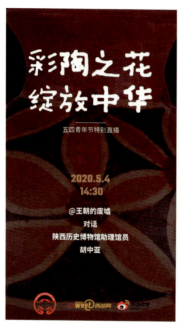

图 3-21   彩陶·中华展直播

系统疫情防控工作。会议指出，各文物博物馆机构要在落实防疫政策的同时，鼓励因地制宜开展线上展览展示工作，鼓励利用已有文博数字资源酌情推出网上展览，向社会公众提供安全便捷的在线服务。为响应这一号召，策展团队克服重重困难，积极应对，通过数字化手段和媒体、网络平台使展览第一时间与观众见面。

　　直播是近年来新兴的一种网络社交方式，具有即时性好、互动性佳、传播力强的特点。相较于传统媒体，直播对设备、场地等的要求均不高，特别适合疫情闭馆这一特殊时期的展览传播。为此，策展团队联合中央电视台、陕西电视台、西部网等多家媒体，进行了"神秘的史前文明——彩陶中华展""彩陶之花 绽放中华——五四青年节特别直播""一封来自5000年前的神秘来信——518国际博物馆日特别节目"等多场直播活动（图3-21），通过讲解员导览、策

图 3-22　彩陶·中华线上展览

展人解读展览、文博大 V 与策展人对谈等方式，使观众突破了场地的限制，跟随直播的镜头同步观展。

　　随后，陕历博还推出了"彩陶·中华"线上展览。线上展览分为两种不同版本：一种是将实体展览"搬运"到网络空间，观众可在逼真还原的线上展厅中"沉浸式"观展，还可按个人需求和喜好自行安排观展线路，并通过高清图片、文物立体展示、信息检索、细读等功能获得更丰富细致的文物信息。另一种则是将展览文物及学术资源重新整合、独立策展的线上展览（图 3-22）。这个展览突破了展场实体格局的限制，更能体现出展览本身的逻辑结构和学术观点，让观众了解策展人的展陈意图。线上展览的每件文物均配有高清图片和文物解读，适合想深入了解文物信息的专业性观众，同时也是一个非常好的文物信息库和数据库。此外，针对青少年群体，线上展览还设置了三个闯关小游戏，可以让孩子们在游戏中学到彩陶相关的知识。

　　受新冠疫情的影响，原本设计规划的线下青少年教育活动无法正常开展。为此我们配合展览规划了"小鱼变形记""小鸟变形记""繁花似锦"等一系列线上教育课程，通过陕历博公众号和陕历博教育推广微信群传播，让孩子们在家长的辅助下，结合云展览的数字资源完成课程设置，并通过群打卡的形式与博物馆老师进行互动，从而收到良好的活动效果。

对于博物馆策展工作来说，新冠疫情是一个极大的挑战，策展团队需要时刻做好准备面对展品无法按计划调集、观众无法跨区域流动、闭馆闭展等未知情况。但同时，这也是一个前所未有的机遇，"倒逼"博物馆人思考展览的多元呈现方式，利用新科技、新手段，实现大数据时代博物馆展览的转型升级。

作为"早期中国"系列展览的第一部，彩陶·中华展不仅在展示与传播方式上为今后的"玉韫·九州""吉金·中国"二展开创了一个很好的范例，而且对于陕历博来说，在创新展览内容研发、项目管理模式、通过项目带动加强人才培养等方面，都提供了一个可资借鉴的较为成功的案例。

彩陶中華

Painted Pottery of China:
Merging and Integration
5000 Years Ago

观 展

从观者的视角出发

　　观众是博物馆展览的直接受众。"为观众办展"的理念贯穿于展览策划、实施的各个环节。观众对展览的观感和评价，是博物馆展览社会效益评估的重要考量指标，也可以为今后博物馆展览的提升提供数据支持。展览是否好看，能否看懂，从展览中获得怎样的体验、认知或感悟等，都是策展工作审视与反思的重要内容。

一、他山之石

　　彩陶·中华展的定位是考古研究成果转化的学术性展览，因此，展览首先要能经得起专业观众的检验。在展览面向公众开放后，陕历博于 2020 年 7 月 11 日特别组织召开了"溯源寻根　传承利用'彩陶·中华——中国五千年前的融合与统一'展览研讨会"，邀请了来自历史、考古、博物馆等不同研究领域的 50 余位专家学者，分"彩陶视野下的文化互动与融合"和"学术性展览的策划与设计"两个议题展开分组讨论。与会专家对展览的选题、策划、内涵、设计以及宣传推广等各方面进行评议，并一致认为，彩陶·中华展在展陈策划方面具有立意高远、学术性强、展陈方式创新、宣传推广到位、学术性和通俗性并重等特点。

（一）选题构思的时效性

彩陶·中华展选题紧扣习近平总书记"对历史文化，要注重发掘和利用，溯到源、找到根、寻到魂"重要讲话精神。选题构思基于近百年来学术研究对彩陶在"早期中国"文明化进程中的重要作用的认识，依托陕西特殊的历史地位和考古文物资源，全面整合相关学术资源，借助博物馆展览的独特媒介作用，引发社会公众广泛关注，了解考古实证中华五千年文明之于今天社会文化建设中的现实意义，认识到渭河流域是华夏文明主根脉的重要地位，以及对中华文明产生的深远影响，发挥历史类博物馆在培育公众历史观、文化观、价值观方面的作用。彩陶·中华展的举办拉开了中国考古学诞生百年纪念活动的序幕，是对百年来致力于中国考古事业的考古人的致敬与献礼。

（二）学术成果的前沿性

彩陶·中华展全面梳理近百年的彩陶的发现与研究资料，吸纳了近20年来中华文明探源工程的最新学术成果，整合全国文物考古资源，完成了对中国史前彩陶涉及地域最广、规模最大的一次集中展示，策展形成的研究成果编撰成同名展览图录，为今后彩陶研究提供了参考。此外，展览在彩陶研究方法上的突破创新、在学术成果上的意义及贡献，也得到了参加研讨会的专家的充分肯定。比如，展览以特有的实物呈现方式提供了不同区域间相同主题彩陶的对比研究理念；将彩陶置于文化整合的社会背景下解读，勾勒出"早期中国"的文化格局；基于考古新发现和新研究，指明庙底沟文化彩陶是礼制产生、社会复杂化进程加速、早期文明形成与整合的重要物证。

（三）叙事组织的独特性

近年来展览的叙事成为博物馆界关注的话题，正如有学者提出的，博物馆展览是以"物"为基础建立的空间叙事，不是单纯的"文本叙事"，展览的叙事应是由陈列语言传播、内容与形式和谐统一的综合组织系统。彩陶·中华展叙事注重"空间""展品""展览文字"在展示中的独特作用，展览以层层递进的内容构架，传播意图明确的展品组合，不断以展览文字、地图、场景复原等辅助形式提示的时间和空间概念，增强了展示空间内"展品"与"观者"的密切关系，让展览的主题在空间叙事中得到充分的阐释。展览形式设计紧扣内容，寻求突破创新，利用色彩、灯光、互动项目营造丰富的观展体验，展示灯光首先满足照亮展品的需要，也制造出生动有趣的情景效果，在展出期间得到了专家们的肯定。

（四）市场推广的充分度

彩陶·中华展的推广活动以展览作为主项目，同步规划与展览内容相配套的学术讲座、学术图录、通俗读物、教育活动、媒体宣传活动、观众调查、文创产品等子项目，从而形成展览多样化的传播模式。展览刚开展就受到新冠疫情的影响，闭馆达 61 天。陕历博及时借助新媒体推出云展览、线上直播等活动，弥补了观众无法现场观展的遗憾，同时也是创新展览形式的一次有益尝试。

与会专家在对展览进行充分肯定的同时，也对展览的内容、形式等一些细节提出了改进意见。这些宝贵的意见将会对"早期中国"系列展览后两步的策展工作大有裨益。

二、大众之选

策划团队非常重视普通观众在观展后的评价和反馈，并通过问卷调查、社交媒体检索等多种手段获取观众的观展感受。

（一）观展札记

中国艺术研究院博士研究生张耀虎在《美术观察》总第 298 期发表了《以陶承礼 与华相宜——"彩陶中华——中国五千年前的融合与统一"观展札记》；毕业于清华大学美术学院、现从事独立设计工作的黄琬惠观展后撰写了《百年历程 彩陶之光——"彩陶·中华"展览侧记》，发表于《文物世界》2020 年第 6 期：

> 展览有着天时地利人和的历史价值和社会现实意义……展览以今人视角回望历史，从彩陶文化的角度，带领我们穿越时空，从而深刻了解中华优秀传统文化特色。（黄琬惠）

> 通过观展，可以体会到展览的高远立意、科学展陈、清晰脉络和雅俗共赏等特点，可以使不同层次、不同领域的观展人群都能够有所收获。以学术扎实、系统完善的研究成果传递中华优秀传统文化信息。以鲜明的主题揭示了彩陶背后更为深广的文化背景和精神内涵。以形式和内容相辅相成且宽松有序的展陈空间使观众能够认真体会、轻松学习，从而在认识彩陶、了解彩陶的基础上进行主动思考。（黄琬惠）

> 五千年前中华大地的不同地域之间以彩陶为媒介产生了文化的交流与融合，显示出彩陶艺术在华夏文明早期形成过程中的历史地位以及对后世的深远影响。此次展览勾勒出华夏史前彩陶艺术萌芽、发展、鼎盛的完整演进框架，观众得以感受先民"取物以象"的质朴景象，了解多元文化碰撞的闪耀火花，领略彩陶文化集大成的壮美风采。（张耀虎）

对于重点展示内容"融合与统一"作者留下这样的观后体会：

> 任何艺术的表现形式都与人类信仰密切相关，互为推动。史前时期庙底沟文化彩陶纹饰的广泛传播，体现了同一信仰在广大区域内被接受的事实，有理由认为华夏文明从此开始不断地走向统一。（黄琬惠）

形式设计也给作者留下了深刻印象：

一进展厅，新颖的展陈视效即刻吸引了参观者的兴致。适度的灯光效果与准确的色彩表达，将人们的思绪引向遥远的史前文明。那远古的召唤，既催促我想快快浏览整个展览，又使我难以挪动每一件展品前的参观脚步。（黄琬惠）

不同学历层次、不同学术背景的观众在观展后留下了自己的感受，可以让策展团队评估展览的内容信息和视觉信息是否传达到位；同时，这种私人化的观展体验，也是策展人了解观众喜好的一个窗口。

（二）自媒体平台上的观众评价

一些观众观展后还主动通过微信、微博等自媒体信息平台分享个人的观展感受，推荐展览的亮点与看点，表达自己对彩陶知识的兴趣，分享自己在观展后获得的知识等等。例如：

本次展览使用了投影与触屏技术，出人意料地把艺术空间与历史文化相结合。布展的灯光和播放的视频都恰如其分地展示了彩陶的魅力与文化。五千年前的彩陶融合与交流之路，同样也是原始文明的融合与交流。（新浪微博＠汀水边静沐暖阳）

这个展览从策展角度来说，应该是近一年看过百余个展览中学术性最强的，展板上每一句话、每一张配图都有严谨的论文支撑！主办方是国家文物局和陕西省政府，不愧是准备了多年的大展，共16个省份36家文博机构参展！（新浪微博＠不安分的D先生）

这次展览策划和布展非常精彩，通过这个展览，您定会对8000—5000年

前那个时代的艺术和那时候人们的意识形态有更进一步的了解。（微信公众号：西安实践教育）

今天终于参观了陕历博的临展"彩陶·中华"，一直被历史书上的人面鱼纹盆所吸引，还有其他彩陶文物，真的好美，被祖先的智慧所折服。（新浪微博@alittlelovexue）

展览的内容设计很有条理也很通俗易懂，虽说如果没有史前考古的知识参观起来可能还是会有难度，但也是真的站在大众的角度进行考量了，能看出来策展团队还是很用心的！除了主要内容之外还有相关的额外知识扩充，比如从聚落到城址的演变过程和学界对于尖底瓶的讨论等等。形式设计也做得很好，展板和说明牌的设计都很形象且易懂，尤其是消防标示和展览融入得很好，没有破坏展厅的氛围！（新浪微博@寻寻佚佚）

疫情期间博物馆能限流开放已经很满足了，没想到还能看到这么棒的展……必须给布展团队点个大大的赞，展览的布置太用心了，特别棒，主线清晰流畅，科普类的知识展板别具匠心，观展体验特别好。友情提示哇，可以随身带个小本子，展厅里有提供彩陶小章子，可以来盖章哈~（每日环球展览用户：tingtingren）

这是一个涉及五千年前在陶器上的文明与艺术（的展览），真的非常值得一看！（每日环球展览用户：punkbai2）

颜料的出现给土色的陶器增添了一抹亮色，但它是如何绘制上去的呢？总不至于用颜料块硬画啊。所以先民们应该发明了一种很软的绘画工具，呈现在陶器之上，或许这就是最早的"毛笔"吧。（新浪微博@culfan）

（三）观众问卷调查

在展览的展出期间，由陕历博公众服务部开展了观众问卷调查，收到有效问卷 699 份。汇总统计信息如下。

1. 观众基本情况调查

（1）性别：男性 316 人（占 45.21%）；女性 383 人（占 54.79%）。

（2）年龄：19 ～ 30 岁 496 人（占 70.96%）；31 ～ 40 岁 111 人（占 15.88%）；41 ～ 50 岁 44 人（占 6.29%）；51 ～ 60 岁 9 人（占 1.29%）；61 岁 以上 3 人（占 0.43%）；此项未勾选年龄的 36 人（占 5.15%）。

（3）职业：学生 296 人（占 42.35%）；企业单位人员 160 人（占 22.89%）；事业单位人员 53 人（占 7.58%）；教师 25 人（占 3.58%）；公务员 17 人（占 2.43%）；离退休 8 人（占 1.14%）；工人 9 人（占 1.29%）；农民 2 人（占 0.29%）；军人 6 人（占 0.86%）；其他 123 人（占 17.60%）。

（4）学历：初中以下 24 人（占 3.43%）；高中 54 人（占 7.73%）；大专 / 本科 470 人（占 67.24%）；研究生 151 人（占 21.60%）。

（5）来源地：外省观众（大陆）572 人（占 81.83%）；西安市 86 人（占 12.30%）；本省外市 32 人（占 4.58%）；港澳台 7 人（占 1.00%）；其他国家和地区 2 人（占 0.29%）。

2. 展览情况调查

（1）参观原因：慕名而来的 369 人（占 52.79%）；顺道而来的 330 人（占 47.21%）。

（2）展览主题：非常感兴趣的 429 人（占 61.37%）；一般的 265 人（占

37.91%）；不感兴趣的5人（占0.72%）。

（3）参观前是否了解彩陶相关知识：完全不了解的38人（占5.44%）；不太了解的503人（占71.96%）；比较了解的103人（占14.74%）；非常了解的20人（占2.86%）；此项未勾选的35人（占5.01%）。

（4）参观后的收获：482人认为图案美观；343人提到鱼鸟衍生花；298人提到鱼鸟共生；19人没有特别收获。

（5）参观时长调查：30分钟以内的299人（占42.78%）；30分钟至1小时的248人（占35.48%）；1小时以上的152人（占21.75%）。

（6）对展厅灯光：非常满意的394人（占56.37%）；满意的246人（占35.19%）；一般的2人（占0.29%）；不满意的55人（占7.87%）；非常不满意的2人（占0.29%）。

（7）展品布局及参观路线：非常满意的433人（占61.95%）；满意的229人（占32.76%）；一般的37人（占5.29%）。

（8）文字说明：非常满意的377人（占53.93%）；满意的223人（占31.90%）；一般的90人（占12.88%）；不满意的7人（占1.00%）；非常不满意的2人（占0.29%）。

（9）是否看多媒体：选"是"的551人（占78.83%）；选"否"的148人（占21.17%）。

（10）是否有印象深刻的展品：选"是"的467人（占66.81%）；选"否"的232人（占33.19%）。

（11）是否希望多举办此类展览：选"是"的688人（占98.43%）；选"否"的11人（占1.57%）。

以上调查显示，受访观众多来自外省，受教育程度较高，年龄多集中在19～40岁。慕名而来的观众是展览的推广效果显现。观众对展览的整体满意度较高，参观后有收获，对美丽的彩陶图案产生了深刻的印象，加深了对展品的认识。彩陶知识得到推广普及，多媒体在观展中发挥了重要作用。

　　展览配套图录是彩陶·中华展的重要组成部分，也是观众深度了解展览内容的途径，是展览学术思想的反映，为学术研究服务。读者通过豆瓣读书及小红书等平台对展览的图录进行了如下的评价：

　　　　整本书将早期文明的脉络梳理得十分清晰，对于遗址的列举和推论也让大众对考古有了更深的认知，明白自己的渺小，也明白先人的智慧。（豆瓣用户：云野）

　　　　彩陶是学术研究热度与水平高、公众了解与认知度低的典型案例。展览与图录俱佳，虽然仍然存在专业词语过多的问题，但仍是学术成果向公众转化的佳作。（豆瓣用户：180259）

　　　　陕历博编的彩陶图录，以泾渭流域为中心，按照老官台—仰韶—庙底沟的文化序列梳理了彩陶的发展简史以及在地域交流上的作用。彩陶是相对不朴素的陶器类型了，我认为也是打开大众对新石器时代中原地区认知的视角之一，相比起三星堆、良渚乃至龙山、红山，花蕊的确被花瓣遮住了光芒。（豆瓣用户：sodaunhappy）

　　　　这本书含量丰富，综合了五篇专家的研究论文和"彩陶·中华——中国五千年前的融合与统一"展览的图录展示，并非小图哦，而是带有解析图示的超清大图，好书。（小红书用户：岸上笔记）

彩陶中華

Painted Pottery of China:
Merging and Integration
5000 Years Ago

一、缺憾与反思

彩陶·中华展虽赢得了社会各界的广泛好评，但我们也认识到展示内容存在不足。作为一个有明确传播目的的主动策划展，展览中的遗憾和不足，会影响部分观众对内容的理解。

（一）展品的缺憾

彩陶·中华展虽然是目前关于彩陶的最大范围的展示，但是仍存在关键性展品未能借到的遗憾，虽然我们在"融合与统一"辅助展板的地图中均标注了出土地点和图片，个别展品还提供了展板说明，但仍难以弥补实物无法到场的缺憾。

（二）缺少讲解服务

受新冠疫情及人力的限制，本次展览并没有面向普通游客提供人工讲解服务。虽然我们设置了面向成人和儿童的两个版本的导览手册，并在重点文物下方附上了二维码形式的语音讲解，但这些仍然代替不了人工讲解。作为一个专业性较高的学术展览，部分观众在参观完后表示无法完全理解展览内容。

（三）释展中的不足

　　从观众的评价中不难发现，展览阐释仍存在需要改进之处。在展览的"融合与统一"部分我们策划了观展与互动体验相结合的形式，并没有过多呈现彩陶传播所到区域的文化面貌，而是将这一内容设置于第二单元段首的"庙底沟文化时期的文化版图"的多媒体文字内容中。这种内容上的割裂，导致部分观众观展时的不适应。第三单元段首展墙设置的方向问题，导致与第二单元内容缺乏必要的分割，使得部分观众会将两部分内容混为一谈，影响了展览的传播效果。此外，为了营造轻松的观展体验，我们对展览文字进行了精简，但这也增加了观众的观展难度，特别是那些习惯以阅读文字方式获取展览信息的观众。部分展览文字因顾及学术的严谨性，表达不够肯定，导致观众理解困难。

（四）缺乏平价图录

　　本次同名展览图录是深度解读展览内容的专业读本，同时定位为学术研究服务，部分观众反映图录的专业性强、定价高。而此次展览期间没有出版简洁版、通俗性更强的平价展览读本。

二、收获与体会

彩陶·中华展叙事宏阔，展览规模之大、参展单位之多、展品涉及地域之广、沟通协调之频繁，都堪称迄今陕历博举办的所有展览之最。2018年2月展览正式启动后，策展组诸位同仁用了近10个月的时间分头翻阅了大量研究文献。2018年11月，带着初步遴选的500余件彩陶标本资料，策展组踏上了茫茫的"寻彩之路"，开启了展品的调研工作。2019年1月中旬，策展组在调研的基础上确定了245件（组）展品，以支撑展览内容大纲。回望策展组的足迹，不仅与庙底沟文化彩陶传播的范围大致吻合，也与司马迁《史记》所载的黄帝活动范围高度重合。这种"让材料牵着鼻子走"的研究方法，这种结合了"读书"与"行路"而获得的感觉，不仅使我们对"早期中国"文化之间的互动与融合有了更为具体和鲜活的认识，也更加坚定了我们讲好彩陶故事、讲好中国故事的信心。

令人欣慰的是，付出必有回报。展览自2020年1月开幕至同年7月闭幕，虽受到新冠疫情一定程度的影响，但依然收获了业界和观众的广泛好评，被认为是"一场兼具学术性与大众性的成功展览"，并被评为国家文物局2020年度"弘扬中华优秀传统文化、培育社会主义核心价值观"主题展览20个重点推介项目之一，荣获"2020年度全国博物馆十大陈列展览精品推介"优胜奖、"首届陕西省博物馆优秀展览"第一名等多项殊荣。展览同名图录以内容的高度学术性和原创性，以编校、设计和印刷的高水准，荣获了"2020年度全国文化遗产十佳图书"。展览的配套文创产品《2020陕博日历·彩陶中华》，荣获"2021年陕西省优秀外宣品"一等奖。策展团队在陕历博公众号、华夏文创公众号、喜马拉雅等平台推出的12期策展人释展的"听小姐姐讲彩陶"系列音频课程广受好评，先后被陕西及全国"学习强国"平台选中上线。依托"听小姐姐讲彩陶"系列音频课程编撰出版的《泥火幻彩：听小姐姐讲彩陶》一书，被评为"2022年陕西省优秀科普作品"。

回顾彩陶·中华展从策划到实施的全过程，总结策展工作得失，我们认识到，未来博物馆应以研究为导向，策划更加多样化的主题展览，保证展览传播内容的学术性和准确性，确保策展工作向专业化方向发展。通过展览来吸引公众对中华优秀传统文化的关注，并鼓励观众在观展后能延伸阅读、自主探索，持续激发观众对历史文化的热情。

从策展模式来看，以"早期中国"系列展览的策划为契机，陕历博在主动探索馆际（所）合作利用的新模式。当下文物资源呈现区域化和碎片化的状态，这种状态在一定程度上影响了文物蕴含的价值再发掘和相关成果的再利用。此次跨区域的展览策划活动，不仅整合各地博物馆与主题相关的彩陶，还汇集了来自各地考古所的最新出土资料，践行"让深藏在禁宫里的文物活起来"，也有助于新资料的深入研究和各地博物馆藏品历史价值的再发掘。

彩陶·中华展尝试以"主项目"带动"子项目"的创新策展模式，形成了多部门联动工作形式，整合了全馆的相关研究力量，培养了策展能力。但策展工作是一项综合而复杂的业务工作，具有工作周期长、头绪多、投入精力大、花费时间长、专业性强等特点，在现有博物馆部门管理机制下，我们也常常面临策展与本职工作冲突、展览实施中沟通不畅等问题。我们在此次策展工作实践中深刻地认识到：专业和综合学术水平是策展的核心内容，对展览水平的评判将有助于增强工作自信。博物馆的策展工作应守住核心工作的底线，明晰工作进程，及时吸纳文案编辑、展品组织、传播教育、内容校对等专业角色，不断优化"主项目"带动"子项目"的工作模式。

2020年9月，正当"早期中国"系列展览第一部彩陶·中华展圆满闭幕、第二部玉韫·九州展刚刚启动之时，中共中央政治局以"考古最新发现及其意义"为题举行了第 23 次集体学习会。习近平总书记在会议上指出："要通过深入学习历史，加强考古成果和历史研究成果的传播，教育引导广大干部群众特别是青少年认识中华文明起源和发展的历史脉络，认识中华文明取得的灿烂成就，认识中华文明对人类文明的重大贡献，不断增强民族凝聚力、民族自豪感。"2022年 5 月，在中共中央政治局就深化中华文明探源工程进行的第 39 次集体学习会上，习近平总书记又一次指出："要营造传承中华文明的浓厚社会氛围，广泛宣传中华文明探源工程等研究成果，教育引导群众特别是青少年更好认识和认同中华文明，增强做中国人的志气、骨气、底气。"习近平总书记的号召让我们深感陕历博策划的"早期中国"系列展览三部曲确实适逢其时，但同时策展团队也倍感责任和压力。但我们相信，作为"早期中国"系列展览的第一步，彩陶·中华展已经开创了一个很好的范例，它不仅在展示与传播方式上对玉韫·九州展和计划于 2024 年推出的吉金·中国展具有借鉴意义，而且在打破部门阻隔、以研究专长组建策展团队，改变任务式的"短平快"、以课题方式进行深入的内容研发，实行"主项目 + 子项目"的展览项目管理模式、以展览带动相关产品和服务等方面，进行了有益的探索，这些都为今后我们继续高质量完成"早期中国"系列展览，提供了丰富且有价值的参考经验。

后　记

　　为展示和活化中华文明探源工程重大考古研究成果，陕历博于 2017 年开始筹划"早期中国"系列展览，尝试以彩陶、玉器、冶金三重视角，依次解读中华文明起源与早期发展的伟大进程。其中，第一部"彩陶·中华——中国五千年前的融合与统一"展览于 2020 年 1 月至 7 月成功举办。时隔近两年，中国博物馆协会与腾讯公益基金共同发起的"齐行共进：博物馆纪念馆可持续发展与文化传播公益基金"（简称"腾博基金"）项目正式启动。"腾博基金"计划从历年"全国博物馆十大陈列展览精品推介活动"申报项目与当年具有较大影响力和鲜明特色的展览中精选若干优秀展览，请策展团队以"策展笔记"的形式总结整理展览的创新思路和实践经验，为中国博物馆展览展示的高质量与可持续发展提供有益借鉴。正是在这样的契机下，陕历博彩陶·中华展有幸入选"腾博基金"项目，成为第一批展示、分享策展历程的博物馆展陈案例。

　　彩陶·中华展是陕历博建馆以来举办的规模最大的史前专题特展，无论是展品的规模与数量，还是展览内容对学术研究转化的深度，都罕有出其右者。展览从调研筹备到正式展出，其间倾注了策展团队大量的心血和汗水。如果用一个形象的描述来作注解，那就是电脑文件夹中的文件数量，从零到上万个的巨大量变，是彩陶·中华展从无到有、从稚拙到完善的艰辛历程最为详细的记录和见证。以"策展笔记"的形式回顾彩陶·中华展的创作、实施过程，对于策展团队来说，无疑是将策展经验上升为理论总结的积极尝试和努力。特别是在沉淀了一段时间之后，这种总结方式非常有助于我们以相对客观、理性的态度分析展览的得与失。对于我们"早期中国"系列展览策展团队来说，其意义还在于这种总结对指导我们系列展览第二部玉韫·九州展和第三部吉金·中国展的策展工作，可以起到"悟已往之不谏，知来者之可追"的作用。

　　博物馆展览的策划和实施是一个巨大的系统工程，彩陶·中华展也不例外。同样，彩陶·中华展策展笔记的形成也离不开团队共同的努力。作为彩陶·中华展主策展人之一，陕历博副馆长庞雅妮负责本书的整体架构、撰写团队搭建和分工、每部分内容的初审等。具体的撰写工作由参与彩陶·中华展策划的核心成员通力合作完成，其中第一章"引言"由庞雅妮承担，介绍了策展背景和"早期中国"系列展览与彩陶·中华展的策划理念；第二章"导览"由王棣承担，详细解读展览的展示内容与结构思路；第三章"策展"由胡中亚、张倩承担，从展览的内容设计和形式设计两个方面介绍策展工作和策展理念，并详细回顾了展览的实施过程，介绍展览不为人知的幕后故事；第四章"观展"由张沛心承担，呈现了开展之后专家学者及普通观众对展览的评价与观展感受；第五章"结语"由庞雅妮、张沛心共同完成，在回顾策展工作的基础上，总结得失，展望未来，对"早期中国"系列展览的后两部提出了建设性的建议。此外，张倩还承担了全书统稿、与出版社编辑沟通的相关工作。

　　对策展笔记的编写工作，陕历博馆长侯宁彬先生给予了大力支持，并亲自督导书稿完成进度。山西大学历史文化学院教授王炜林先生作为"早期中国"系列展览的初倡者以及彩陶·中华展的主策展人之一，也对策展笔记的写作提供了大量帮助。此外，陕历博姜涛、张静、蔡淋、周永兴为本书的写作提供了材料支持，在此一并表示感谢。

　　本书的写作得到了中国博物馆协会刘曙光理事长及多位博物馆学领域专家的指导，浙江大学艺术与考古学院"百人计划"研究员毛若寒博士以及浙江大学出版社陈佩钰、蔡圆圆女士为本书的写作、编辑和校对工作辛劳付出，向他（她）们致以衷心的感谢。